Ronny Garbe

Die Kraft der Informationsasymmetrie in großen Organisationen

Immer wieder Prinzipal und Agent

igel
Verlag
RWS

Garbe, Ronny: Die Kraft der Informationsasymmetrie in großen Organisationen: Immer wieder Prinzipal und Agent. Hamburg, Igel Verlag RWS 2017

Buch-ISBN: 978-3-95485-353-3
PDF-eBook-ISBN: 978-3-95485-853-8
Druck/Herstellung: Igel Verlag RWS, Hamburg, 2017

Bibliografische Information der Deutschen Nationalbibliothek:
Die Deutsche Nationalbibliothek verzeichnet diese Publikation in der Deutschen Nationalbibliografie; detaillierte bibliografische Daten sind im Internet über http://dnb.d-nb.de abrufbar.

© Igel Verlag RWS, Imprint der Diplomica Verlag GmbH
Hermannstal 119k, 22119 Hamburg
http://www.diplomica.de, Hamburg 2017
Printed in Germany

Abstract

Die zunehmende Aufgabendelegation innerhalb dezentral organisierter Unternehmen, birgt ein erhöhtes Risiko für die Auftraggeber. Je mehr Verantwortung die Unternehmensleitung an andere Akteure übergibt, umso größer sind die damit verbundenen Chancen der effizienten Unternehmensführung aber auch die damit einhergehenden Risiken.

Ziel dieser Arbeit ist es, die Prinzipal-Agent Theorie im Kontext einer effizienten Unternehmenssteuerung zu untersuchen und sowohl die theoretischen Grundlagen dieser Thematik näher zu beleuchten, als auch die Anwendbarkeit innerhalb der Prinzipal-Agent Theorie zu prüfen.

Im Rahmen dieser Arbeit wird die Koordinations- und Verhaltenssteuerungsfunktion des Controllings in dezentral organisierten Unternehmen im Kontext der Prinzipal-Agent-Theorie fokussiert. Hierzu werden zunächst die grundlegenden Aspekte des Controllings betrachtet, um im Anschluss die Rahmenbedingungen der Prinzipal-Agent Theorie darzustellen. Dabei werden Merkmale einer Beziehung zwischen Prinzipal und Agent untersucht und die daraus resultierenden Probleme offengelegt, sowie Systeme zur Lösung diffiziler Aspekte aufgezeigt. Im Anschluss wird die Agency-Theorie in den Kontext der Unternehmenssteuerung implementiert. Die Wirkungsweise der Prinzipal-Agent Theorie wird hierzu im Rahmen der Budgetierung und in Bezug auf Verrechnungspreissysteme untersucht, um die Relevanz der Prinzipal-Agent Theorie anhand von zwei Anwendungsgebieten für das Controlling zu veranschaulichen. Hierzu wird weiterhin untersucht, ob und unter welchen Bedingungen die Budgetierung und der Einsatz von Verrechnungspreisen zur Minimierung von Agency-Problemen beitragen können. Die praktische Anwendbarkeit und die Gestaltung der Rahmenbedingungen der Prinzipal-Agent Theorie stehen somit im Mittelpunkt dieser Arbeit.

Prinzipal-Agent Theorie - Informationsasymmetrie - Agency-Probleme - Budgetierung - Verrechnungspreise

Inhaltsverzeichnis

1. Einführung und Gang der Untersuchung... 1

2. Grundlagen des Controllings.. 4

   2.1. Unternehmenssteuerung und Controlling... 4

   2.2. Der Markt der Unternehmenskontrolle 6

   2.3. Relevanz einer wertorientierten Unternehmenssteuerung 9

3. Die Prinzipal-Agent-Theorie 12

   3.1. Definition und Einordnung 12

   3.2. Merkmale einer Prinzipal-Agent Beziehung... 14

      3.2.1. Vertragsbeziehung.. 14

      3.2.2. Individuelle Nutzenmaximierung und Interessenkonflikte 18

      3.2.3. Risikofaktoren bei unsicheren Umweltfaktoren 19

   3.3. Informationsasymmetrien 20

      3.3.1. Definition und Dimensionen 21

      3.3.2. Klassifikation verschiedener Typen 24

   3.4. Agency Kosten 27

4. Diffizile Aspekte von Prinzipal-Agent-Beziehungen 30

   4.1. Prinzipal-Agent Probleme.. 30

      4.1.1. Adverse Selection Problem... 31

      4.1.2. Moral Hazard Problem 33

      4.1.3. Hold Up Problem 34

   4.2. Lösungsansätze zur Reduzierung von Prinzipal-Agent Problemen........ 36

      4.2.1. Screening und Signaling 37

      4.2.2. Self-Selection und Bonding... 40

      4.2.3. Monitoring und Reporting.. 43

4.3.   Bedeutung von Vertrauen in der Prinzipal-Agent Theorie 47

4.4.   Anreizsysteme und Vertragsgestaltung.. 51

5.   Budgetierung als Anwendungsgebiet der Prinzipal-Agent Theorie 55

5.1.   Grundlagen.. 55

5.1.1.   Begriffsabgrenzung... 55

5.1.2.   Chancen und Risiken der Budgetierung 58

5.1.3.   Auswirkungen von asymmetrischer Informationsverteilung ....

            und Interessenkonflikten auf das Budget.. 60

5.2.   Lösungsansätze 62

5.2.1.   Weitzman-Schema 63

5.2.2.   Profit Sharing 66

5.2.3.   Groves-Schema... 68

6.   Verrechnungspreise als Anwendungsgebiet der

        Prinzipal-Agent Theorie... 71

6.1.   Grundlagen.. 71

6.1.1.   Begriffsabgrenzung... 71

6.1.2.   Funktionen von Verrechnungspreisen 75

6.2.   Verrechnungspreisformen 78

6.2.1.   Kostenorientierte Verrechnungspreise... 79

6.2.2.   Marktorientierte Verrechnungspreise... 82

6.2.3.   Verhandelte Verrechnungspreise 83

6.3.   Verrechnungspreise im Kontext der Prinzipal-Agent Theorie................. 84

7.   Zusammenfassung und Fazit... 87

8.   Literaturverzeichnis 92

9.   Abbildungsverzeichnis 101

1. Einführung und Gang der Untersuchung

Bei der heutigen divisionalen Organisationsstruktur in Unternehmen befindet sich die Geschäftsleitung häufig in der Rolle des schlechter informierten Auftraggebers. Das Kernproblem für die Geschäftsleitung bzw. das Controlling besteht bei dieser dezentralen Organisation darin, nach geeigneten Methoden zu suchen, die unter Berücksichtigung von Informationsnachteilen und partieller Interessenkonflikte zwischen Auftraggeber und Auftragnehmer zu einer für alle Beteiligten möglichst guten Lösung führen können.[1]

Nach der traditionellen Sichtweise der Neoklassik ist vor allem die Annahme eines vollkommenen Informationsstandes und der Interessenharmonie zwischen einem Vorgesetztem und seinem Mitarbeiter zu kritisieren. Die Ergebnisse dieser Modelle haben folglich nur eine beschränkte Aussagekraft und sollten daher auf Basis einer realistischeren Sichtweise analysiert und definiert werden.

Einen möglichen Lösungsansatz für diese Problemstellung bietet die neue Institutionenökonomik[2] und in diesem Zusammenhang insbesondere die Prinzipal-Agent Theorie mit welcher sich die nachfolgende wissenschaftliche Ausarbeitung in Bezug auf die Unternehmenssteuerung befasst.[3]

Innerhalb der Prinzipal-Agent Theorie sollen Probleme aufgezeigt und gelöst werden, die im Rahmen einer Leistungsbeziehung zwischen einem Auftraggeber, mit anderen Worten dem Prinzipal und einem Auftragnehmer, also dem Agent, auftreten können. Problematisch ist eine Prinzipal-Agent Beziehung immer dann, wenn eine Partei besser informiert ist als die andere und demzufolge gleichzeitig Interessenkonflikte zwischen den beiden Parteien bestehen. In einem Prinzipal-Agent Verhältnis trifft der Agent Entscheidungen, die nicht nur sein eigenes Wohlergehen, sondern auch das Nutzenniveau des Prinzipals beeinflussen. Der Prinzipal ist dabei jedoch sowohl über das Eintreten bestimmter Umweltzustände

---

[1] Ewert / Wagenhofer, 2005, S.410.
[2] Die neue Institutionenökonomik teilt sich auf in die Theorie der Property Rights, die Prinzipal-Agent Theorie sowie die Transaktionskostentheorie (Thommen / Achleitner, 2006, S.806-807).
[3] Pfaff / Zweifel, 1998, S.184.

als auch über das Verhalten des Agents nur unvollkommen informiert. Dadurch entsteht für ihn ein Spielraum für opportunistisches Verhalten.[4]

Da jeder Mensch wie ein Homo Oeconomicus in der Ökonomie nach seinem eigenen Nutzen strebt, so wird auch das opportunistische Verhalten, sobald es dem Agent einen Nutzen bringt, meistens ausgenutzt.

Unter Berücksichtigung dieser Erkenntnisse ist das Ziel dieser Arbeit, die Rahmenbedingungen der positiven Prinzipal-Agent Theorie darzustellen. Hierzu dient ausschließlich die Recherche einschlägiger Literatur, wodurch die Abbildung der theoretischen Aspekte der Problematik und ihre Lösungswege dargelegt werden sollen. In diesem Zusammenhang erfolgt zunächst die theoretische Beschreibung einer Unternehmenssteuerung sowie deren Relevanz für ein Unternehmen. Es werden Merkmale einer Beziehung zwischen Prinzipal und Agent untersucht und die daraus resultierenden Probleme offengelegt, sowie Systeme zur Lösung dieser Probleme erklärt. In einem nächsten Schritt wird versucht eine Brücke zwischen der Prinzipal-Agent Theorie und der Unternehmenssteuerung zu schlagen, wodurch die Relevanz der Prinzipal-Agent Theorie anhand von zwei Anwendungsgebieten für das Controlling veranschaulicht werden soll. Durch eine agency-theoretische Betrachtung wird es somit möglich die Koordinations- und Verhaltenssteuerungsfunktion des Controllings in dezentral organisierten Unternehmen besser zu verstehen.[5]

Zu diesem Zweck werden die Budgetierung und die Verrechnungspreise als Steuerungsmechanismen des Controllings in die Thematik einbezogen und hinsichtlich ihrer Anwendbarkeit und Vorteilhaftigkeit in Bezug auf die Beseitigung der vorliegenden Agency-Probleme untersucht. Hierzu ist es erforderlich, zunächst das theoretische Grundverständnis hinsichtlich der Unternehmenssteuerung zu schaffen.

Nachdem im zweiten Kapitel eine theoretische Basis der Unternehmenssteuerung geschaffen wird, wird im dritten Kapitel die Prinzipal-Agent Theorie detaillierter abgebildet. Es erfolgt eine Abgrenzung des Begriffes sowie die

---

[4] Hochhold / Rudolph, 2009, S.131.
[5] Picot et al., 2001, S.56; Hochhold/Rudolph, 2009, S.131.

Merkmale einer Prinzipal-Agent Beziehung. Im dritten Punkt des Kapitels werden drei unterschiedliche Prinzipal-Agent Probleme vorgestellt, um im vierten Abschnitt die Agency Kosten zu beschreiben.

Im folgenden Kapitel werden die Problematischen Aspekte im Rahmen von Agency-Beziehungen näher beleuchtet, um ein Grundverständnis für die bestehende Problematik zu schaffen, die es im Kontext des Controllings zu lösen gilt. In diesem Zusammenhang werden verschiedene Lösungsansätze für die bestehenden Probleme und entsprechende Anreizsysteme aufgezeigt.

Innerhalb der folgenden zwei Kapitel erfolgt zunächst die theoretische Erörterung der Steuerungsinstrumente Budgetierung und Verrechnungspreise und anschließend die Untersuchung der Agency-Probleme im Kontext des fokussierten Steuerungsmechanismus. Somit wird im fünften Kapitel die Budgetierung, als grundlegende Controlling Aufgabe in dezentralisierten Unternehmen erläutert. Hierbei werden zunächst die Grundlagen der Budgetierung geklärt, anschließend mit dem Weitzman-Schema, dem Profit Sharing und dem Groves-Schema drei alternative Anreizmechanismen zur wahrheitsmäßigen Berichterstattung mit ihren Vor- und Nachteilen vorzustellen. In diesem Kontext bildet das Groves-Schema im Vergleich zu den beiden anderen Anreizmechanismen das theoretisch am meisten ausgereifte Anreizsystem.

Kapitel 6 erläutert zunächst die Grundlagen von Verrechnungspreissystemen, um anschließend einen Überblick über die Auswirkungen verschiedener Verrechnungspreissysteme auf das Entscheidungsverhalten von Bereichsverantwortlichen zu erhalten. In diesem Zusammenhang werden die Funktionsweisen von marktorientierten, kostenorientierten und verhandlungsorientierten Verrechnungspreissystemen erläutert.

Abschließend werden noch einmal die wichtigsten Punkte der vorliegenden Arbeit aufgezeigt, sowie die Erkenntnisse kritisch hinterfragt und mögliche Probleme und Schwierigkeiten erörtert.

2. Grundlagen des Controllings

2.1. Unternehmenssteuerung und Controlling

Um die Prinzipal-Agent-Theorie und ihre Bedeutung innerhalb des Controllings richtig zuordnen bzw. beurteilen zu können, ist es zunächst erforderlich, ein einheitliches Begriffsverständnis im Hinblick auf das Controlling als Bereich der Unternehmenssteuerung zu schaffen. Ausgangspunkt soll hierbei die Annahme von Hubert sein, dass die Ökonomie selbst nicht als exakte Wissenschaft anzusehen ist. Vielmehr sind die Definition und die resultierenden Schwerpunkte von den zugrundeliegenden Zielsetzungen abhängig. Weiterhin führt diese Betrachtung wiederum dazu, dass es eine Vielzahl an Definitionen für den Bereich der Ökonomie existieren und daher auch für das Controlling selbst.[6]

Im Folgenden werden verschiedenen Ansatzpunkte zur Definition des Controllings und dessen Einordnung in den Bereich der Unternehmenssteuerung näher betrachtet.

Der Bereich der Unternehmenssteuerung zählt zu den wesentlichen betriebswirtschaftlichen Aufgaben jeder Unternehmung und nimmt somit eine Schlüsselrolle ein. Aufgrund der Semantik des Wortes Unternehmenssteuerung lässt sich eine wesentliche Aufgrabe ableiten: die Steuerung und Leitung des Unternehmens durch eine verantwortliche Instanz. Die Richtung der Unternehmenssteuerung richtet sich in diesem Zusammenhang immer nach dem übergeordneten Unternehmensziel, welches zuvor eindeutig definiert werden muss. Der Begriff der Unternehmenssteuerung und des Controllings werden zudem meist synonym verwendet, was ebenfalls in dieser Arbeit übernommen werden soll.[7]

Die Definitionen und begrifflichen Abgrenzungen der Unternehmenssteuerung hingegen sind sehr vielseitig. Während Weber das Controlling als eine Führungsaufgabe versteht, die auf eine effiziente und effektive Unternehmenssteuerung abzielen, beschreibt Wöhe das Controlling als *„die Summe aller Maßnahmen [...],*

---

[6] Hubert 2015, S.1.

[7] Andresen-Zöphel 2014, Zugriff: 30.10.2015.

die dazu dienen, die Führungsbereiche Planung, Kontrolle, Organisation, Perso-nalführung und Information so zu koordinieren, dass die Unternehmensziele optimal erreicht werden." [8]

Auch Küppers Definition beinhaltet diese Führungsbereiche, wobei das Controlling seiner Auffassung nach darauf abzielt, die optimale Koordination dieser Teilsys-teme vorzunehmen und dadurch nicht nur den Erfolg des Unternehmens zu gewährleisten, sondern vielmehr Potenziale aufzudecken und auch Umwelt- oder Bedarfsdeckungsziele zu realisieren. [9]

In jedem Falle ist der Bereich der Unternehmenssteuerung ein Erfordernis des Unternehmensfortbestandes und bildet somit eine Kernaufgabe der Unterneh-mensführung. [10]

Aus der Vielzahl der Begriffsdefinitionen ergibt sich eine Gemeinsamkeit, die sich immer wieder in der Koordination als Hauptaufgabe der Unternehmenssteuerung ableiten lässt. Die Zielbestimmung sowie die Benennung der erforderlichen Teilbereiche können variieren. Letztlich läuft die Unternehmenssteuerung immer auf Koordination einzelner Bereiche hinaus. [11]

Die folgende Abbildung nimmt eine Differenzierung des Controllings im engeren und im weiteren Sinne vor. Diese umfassen je nach Definition die verschiedenen Aufgaben. Das Controlling im weiteren Sinne fokussiert die Aufgaben der Perso-nalführung und Organisation und kontrolliert, analysiert und koordiniert die unter-schiedlichen Unternehmensbereiche. Der Controllingbegriff im engeren Sinne umfasst lediglich die Planung und Zieldefinition innerhalb der Unternehmenssteue-rung und die notwendige Informationsversorgung.

---

[8] Wöhe, 2015, S.218.
[9] Buchholz 2013 , S.13.
[10] Andresen-Zöphel 2014, Zugriff: 30.10.2015.
[11] Buchholz 2013, S.14.

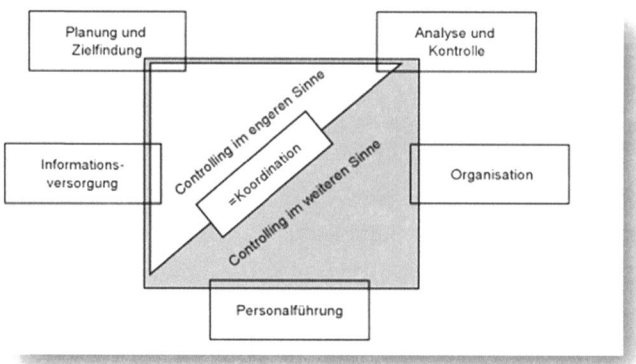

Abbildung 1: Begriffsbestimmung Controlling

Quelle: Darstellung von Buchholz 2013, S.14

Für die folgenden Ausführungen ist die Berücksichtigung der spezifizierten Funktionen von Bedeutung, weshalb die Definition des Controllings im engeren Sinne präferiert wird.

Zusammenfassend werden für die weiteren Ausführungen der Begriff Controlling und Unternehmenssteuerung synonym verwendet. Darunter verstehen wir im Folgenden die Koordination aller Aktivitäten, die zur Informationsversorgung bzw. –beschaffung, deren Analyse, Planung und Kontrolle zur Erreichung der Unternehmensziele erforderlich sind. Zu diesem Zweck werden Entscheidungsvorlagen anhand der vorliegenden Informationen und Kennzahlen erstellt und in entsprechenden Berichten zusammengefasst.[12]

2.2. Der Markt der Unternehmenskontrolle

Der Markt der Unternehmenskontrolle basiert auf der Theorie der Unternehmenskontrolle bzw. stellt einen wesentlichen Bestandteil dieser Theorie dar. Der Grund-

---

[12] Hubert 2015, S.7.

gedanke dieser Theorie wurde bereits 1965 von Henry G. Manne in seinem Artikel „Mergers and the Market for Corporate Controll" formuliert. [13]

Der Ausgangspunkt dieser Theorie stellt die Annahme dar, dass es nicht nur Arbeits- und Kapitalmärkte sowie Absatzmärkte gibt, auf denen die entsprechenden Güter wie Produkte und Arbeitsleistung gehandelt werden. Vielmehr geht diese Theorie davon aus, dass zusätzlich ein Markt der Unternehmenskontrolle gibt, auf dem die Unternehmen selbst gehandelt werden. In diesem Zusammenhang geht man davon aus, dass grade die Unternehmen, die nicht erfolgreich sind, besonders interessantes Übernahmeobjekte darstellen und entsprechend als begehrtes Gut auf dem Markt der Unternehmenskontrolle darstellen.[14]

Der Markt der Unternehmenskontrolle (MFU) ist somit vor allem in Bezug auf Aktiengesellschaften interessant, da deren Unternehmensanteile in Form von Aktien gehandelt werden und somit von einer Vielzahl von Anteilseignern erworben werden können. Mit dem Kauf von Aktien sichern sich die Käufer nicht nur Vermögenswerte, sondern erwerben zudem auch Kontroll- und Stimmrechte innerhalb des Unternehmens. Durch diese haben sie weiterhin die Möglichkeit, maßgebend auf die Gestaltung der Unternehmensleitung Einfluss zu nehmen und diese ggf. auch auszutauschen.[15]

Der Grundlegende Gedanke der Theorie der Unternehmenskontrolle besteht weiterhin darin, dass sich ein Eigentümerwechsel bzw. der Wechsel der Kontroll- und Stimmrechte innerhalb eines Unternehmens positiv auf die Effizienz des Managements und gleichzeitig auch auf die Steigerung des gesamten Unternehmenswertes auswirkt. Die Unternehmenskontrolle durch außenstehende Instanzen könnte entsprechend eine disziplinierende Wirkung auf das Management der Unternehmen erzielen.[16]

Die Theorie stützt sich darauf, dass ein direkter Zusammenhang zwischen der effizienten Arbeit des Managements eines Unternehmens und dessen Erfolg

---

[13] Manne 1965, S.110-120.
[14] Hungenberg/Wulf 2006, S.215.
[15] Fey 2000, S.15.
[16] Hungenberg/Wulf 2006, S.215f.

besteht. Eine nicht erfolgreiche Unternehmung ist daher die Folge eines schlechten und ineffizienten Managements. Nachdem das Unternehmen übernommen worden ist, empfiehlt sich entsprechend ein Wechsel des Managements, um den Erfolg des Unternehmens, den Unternehmenswert und die resultierende Rendite für die Eigentümer zu steigern.

Dieser Sachverhalt kann jedoch bereits vor der Übernahme dazu führen, dass das bisherige Management einen angstindizierten Anreiz erhält, um die Effizienz der eigenen Arbeit zu steigern. Diese würde auf der Angst vor dem Verlust des Arbeitsplatzes basieren und hätte die bereits beschriebene disziplinierende Wirkung zur Folge. Innerhalb des MFU wird das Management somit immer so gewählt, dass es über die bestmögliche Eignung verfügt und dadurch eine effiziente Nutzung bzw. Aufteilung der zur Verfügung stehenden Ressourcen bewirkt.[17]

Dieses Vorgehen hätte entsprechend den Vorteil, dass mit einem Wechsel der Vermögensverhältnisse auch eine Neuorientierung innerhalb der Unternehmenspolitik und der gesamten Unternehmensstruktur einher geht, woraufhin eine effizienzsteigernde Wirkung erzielt werden kann. Die indirekte Wirkung basiert auf der Disziplinierungsfunktion und der hervorgerufenen Verhaltensänderung des Managements.[18]

Im Rahmen der Prinzipal-Agent-Theorie, stellt sich somit die Frage, wie die Aktionäre (Prinzipal) sicherstellen können, dass die Manager (Agent), die mit der Verwaltung und Unternehmensführung beauftragt worden sind, in ihrem Sinne handeln und nicht ihre eigenen opportunistischen Interessen verfolgen. In diesem Zusammenhang ist es weiterhin notwendig den Unternehmenswert zu bestimmen.[19]

---

[17] Fey 2000, S.16f.
[18] Fey 2000, S.16f.
[19] Shleifer/Vishny 1996, S.256

2.3. Relevanz einer wertorientierten Unternehmenssteuerung

Die wertorientierte Unternehmenssteuerung beabsichtigt die Steuerung der Entwicklung des Unternehmens unter Berücksichtigung zugrundeliegender Unternehmenswerte. Die Wertorientierung im Rahmen der Unternehmenssteuerung beläuft sich also darauf, dass alle Aktivitäten so ausgerichtet werden, dass eine Steigerung des Unternehmenswertes und entsprechend die Steigerung der Rendite für die Eigenkapitalgeber/Aktionäre (Prinzipal) realisiert werden kann. Die Wertorientierung bezieht sich daher entsprechend auf den monetären Gegenwert des Unternehmens und den Mehrwert, den sie durch die Wertschöpfung schaffen kann.[20]

Der monetäre Wert im Rahmen der Wertschöpfung ist nach Bach et al *„der einem Gegenstand oder einer Leistung mit Hilfe des Maßstabes Geld mindestens beigelegte Nutzen [, der] die Zweckeignung, Verfügbarkeit, Übertragbarkeit oder Begehrtheit zum Ausdruck [bringt].“* [21] Der Wert eines Gutes oder einer Leistung ist umso höher, je größer der ihm zugeschriebene Nutzen ist. Entsprechend ist der Wert eines Unternehmens umso höher, je effizienter diese ihre Ressourcen einsetzt.

Für die Eigentümer bzw. Kapitalgeber eines Unternehmens ist daher interessant, welchen Wert ein Unternehmen, ihr künftiges Investment, hat und welche Rendite zu erwarten ist. In diesem Zusammenhang muss daher definiert werden, wie der Unternehmenswert zu bestimmen ist und an welchen Werten und Berechnungen er sich orientiert bzw. wie diese zu werten sind. Die wertorientierte Unternehmensführung löst sich entsprechend davon, den Unternehmenswert nur anhand der Größen zu beurteilen, die sich in den Jahresabschlüssen finden lassen. Vielmehr betrachten sie die Kapitalrückflüsse, die durch die Geschäftstätigkeit und eine effiziente Leitung zu erwarten sind bzw. realisiert werden können.[22]

---

[20] Steinhaus/Kraft 2013, S.11f.
[21] Bach et al 2012, S.3.
[22] Hilbert 2007, S. 2ff.

Entsprechend hat die Wahl der Wertermittlungsmethoden eine Schlüsselrolle und kann sich an einer Vielzahl relevanter Größen ausrichten. Diese können im Wesentlichen in Equity- und Entity-Ansätze unterschieden werden. Innerhalb der Equity-Ansätze liegt der Fokus auf den zu realisierenden Ertragsüberschüssen (Cash Flows), die denn Kapitalgebern zur Verfügung stehenden werden. Dies können mittels Ertragswertverfahren und Flow to Equity-Verfahren berechnet werden. Die Entity-Ansätze hingegen ziehen als Berechnungsgrundlage den Gesamtunternehmenswert heran und mindern diesen entsprechend um den Marktwert des Fremdkapitals. In diesem Zusammenhang finden das Total Cash Flow-Verfahren oder das Verfahren zur Berechnung der Weighted Average Cost of Capital (WACC) Anwendung.[23]

Die wertorientierte Unternehmensführung zielt durch diese Betrachtungen darauf ab, die Vorteilhaftigkeit von Investitionsentscheidungen festzustellen bzw. entsprechend zu bewerten, da im Zuge dessen festgestellt werden kann, wie sich die Unternehmung künftig wertmäßig entwickeln wird. Kann eine positive Wertenwicklung verzeichnet werden, kann diese Entwicklung auch zum Schutz vor feindlichen Übernahmen führen, da Unternehmensanteile teurer werden würden. Langfristig sichert ein hoher Unternehmenswert als Indikator für den Erfolg des Unternehmens und die effiziente Wertschöpfung den Fortbestand des Unternehmens selbst und bewirkt eine positive Positionierung im gesamten Wettbewerbsumfeld. Damit gehen zudem auch Prestigeeffekte einher.[24]

Durch die wertorientierte Unternehmenssteuerung ist es also möglich, potenziellen Anteilseigner die langfristige Steigerung des Unternehmenswertes und resultierende Renditen aufzuzeigen, was wiederum im Kontext des Marktes der Unternehmenskontrolle Anwendung findet. Auch die Berechnung der Differenz zwischen der Marktkapitalisierung und dem potenziellen Unternehmenswert kann zu einer positiven Investitionsentscheidung im Sinne der Übernahme des Unternehmens und weiterhin zum Austausch des Managements führen.
Die wertorientierte Unternehmenssteuerung kann sich daher auch im Rahmen der Prinzipal-Agent-Theorie als vorteilhaft erweisen. Im Rahmen vorliegender Informa-

---

[23] Becker 2000, S.10.
[24] Hilbert 2007, S. 2f.

tionsasymmetrien ist es mit Hilfe wertorientierter Steuerungsmechanismen möglich, wirksame Anreizsysteme für Manager zu schaffen, um die Gefahr des opportunistischen Verhaltens einzugrenzen.[25]

---

[25] Kunz/Teuscher 2007, S.5f.

3. Die Prinzipal-Agent-Theorie

Die Prinzipal-Agent Theorie ist ein fester Bestandteil der Mikroökonomie und kann speziell der neuen Institutionenökonomik zugeordnet werden.[26] Diese basiert auf dem Grundgedanken, dass Institutionen ein wesentlicher Bestandteil der Wirtschaft sind und somit eine bedeutende Einflussgröße im Kontext wirtschaftlicher Beziehungen darstellen.

Des Weiteren baut die Neue Institutionenökonomik auf verschiedenen Grundannahmen wie der Idee des Opportunismus, dem Vorhandensein von Informationsasymmetrien und dem Ziel der Nutzenmaximierung auf. Diese Themen stellen zudem wesentliche Bestandteile der Prinzipal-Agent-Theorie dar und werden sich in den nachfolgenden Überlegungen wiederfinden.[27]

3.1. Definition und Einordnung

Sucht man nach einer Definition für die Prinzipal-Agent-Theorie, so kommt man um eine der bekanntesten weil treffendsten Definitionen von Jensen und Meckling nicht umhin. Sie definieren die Prinzipal-Agent-Theorie 1976 in ihrem Aufsatz „Theory of the Firm" *„[...]as a contract under which one or more persons (the principal(s)) engage another person (the agent) to perform some service on their behalf which involves delegating some decision making authority to the agent."*

Den Ausgangspunkt der Prinzipal-Agent-Theorie bildet ein Vertrag, der zwischen dem Auftraggeber, dem sogenannten Prinzipal, und dem Auftragnehmer, dem Agent, geschlossen wird. Die Basis hierfür ist die Verfolgung eines zuvor definierten Ziels durch den Prinzipal. Dieser ist jedoch entweder aufgrund fehlender Ressourcen nicht in der Lage dieses Ziel selbst zu realisieren oder aber er will dies aus verschiedenen Gründen nicht. Der Prinzipal überträgt somit die Aufgabe und zumeist alle damit in Zusammenhang stehenden Teilaufgaben auf den Agenten ebenso wie die zugehörige Entscheidungskompetenz. Der Anreiz für den Agenten, sich dieser Aufgabe anzunehmen, kann in diesem Zusammenhang

---

[26] Heyd/Beyer, 2011, S.18.
[27] Richter/Furubotn, 2003, S.10f.

verschiedene Formen annehmen und wird zudem vertraglich festgehalten und eindeutig definiert.[28]

Der Grundgedanke der Prinzipal-Agent-Theorie kann durch folgendes Schema dargestellt werden.

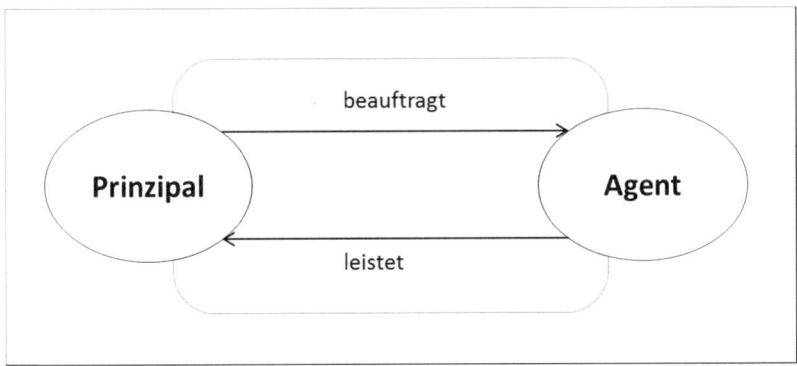

Abbildung2: Prinzipal-Agent Theorie
(Quelle: eigene Darstellung)

Picot bezeichnet jede Transaktionsbeziehung als ein Form der Prinzipal-Agent-Beziehung und umgekehrt.[29]

Die Prinzipal-Agent-Theorie beschäftigt sich also mit Arbeitgeber-Arbeitnehmer-Beziehungen, die sowohl innerbetrieblich als auch zwischen verschiedenen Institutionen bestehen können. Diese sind im Wesentlichen durch Arbeitsteilung beider Vertragsparteien und den Informationsvorsprung des Agenten gekenn-zeichnet.[30]

Die Prinzipal-Agent-Theorie geht nunmehr von zwei wesentlichen Annahmen aus. Eine grundlegende Annahme ist, dass die relevanten Informationen innerhalb der Prinzipal-Agent Beziehung nicht immer gleich verteilt sein müssen.

Dieser Informationsvorsprung liegt häufig - jedoch nicht zwingend - auf der Seite des Auftragnehmers und führt zur sogenannten Informationsasymmetrie zwischen dem Agenten und dem Prinzipal.

---

[28] Jünger 2013, S. 25f.
[29] Picot, 1991, S.153f.
[30] Bacher, 2004, S.77.

Die zweite wesentliche Annahme bezieht sich auf die Motivationsfaktoren für die Akteure. Grundlegend wird davon ausgegangen, dass alle Beteiligten bestrebt sind ihren eigenen Nutzen zu maximieren und den größtmöglichen Vorteil aus der vertraglichen Beziehung zu ziehen. Ausgangslage ist der Opportunismus, der sich in diesem Zusammenhang sowohl als nützlich, als auch als Risiko erweisen kann.[31]

3.2. Merkmale einer Prinzipal-Agent Beziehung

Zur Entstehung einer Prinzipal-Agent Beziehung müssen mindestens zwei Kriterien erfüllt sein: „Zum einen muss der Agent zum Handeln für den Prinzipal berechtigt sein, also über „Authority" verfügen. Die Berechtigung des Agents zur Handlung im Namen und im Sinne des Prinzipals kann jedoch auch einzelnen Beschränkungen unterliegen. Diese Geschäftsführungsberechtigung des Agenten kann aus der Beauftragung selbst resultieren oder explizit durch den Prinzipal vorbehalten sein. Die zweite hauptsächlich geforderte Eigenschaft ist die Übereinkunft der Parteien („consent") im Sinne übereinstimmender Willenserklärungen. Sind diese Merkmale erfüllt, gelten die innerhalb der Agency ausgeübten Tätigkeiten des Agenten damit als für den Prinzipal bzw. im Namen des Prinzipals ausgeführt".[32]

Diese beiden Kriterien zu erfüllen und auch für Dritte nachvollziehbar zu dokumentieren ist die Aufgabe des Agency-Vertrages.

3.2.1. Vertragsbeziehung

Ein wesentlicher Bestandteil innerhalb einer Prinzipal-Agent Beziehung ist der Vertrag, wobei dieser geschlossen wird, sobald ein Auftraggeber (Prinzipal) den Auftragnehmer (Agent) zur Erledigung einer oder mehrerer miteinander verbun-

---

[31] Jünger, 2013, S.26.
[32] Meinhövel, 2004, S.470.

dener Aufgaben engagiert[33] Aus einem solchen Vertrag ergeben sich für den Prinzipal und den Agenten die vertraglich festgehaltenen Pflichten zur Leistung und Gegenleistung. Der Vertrag definiert somit nicht nur die Verpflichtungen des Agenten, sondern legt weiterhin die Höhe seiner finanziellen Entlohnung fest.[34]

Des Weiteren beinhalten derartige Verträge nicht nur Belohnungs-, sondern auch Sanktionsregeln. Letztere ahnden Abweichungen des Agenten von der vereinbarten Leistungspflicht. In diesem Zusammenhang ist jedoch zu erwähnen, dass der damit verbundene Nachteil des Agenten meist nicht in einer zusätzlichen Verpflichtung für den Agenten steht, sondern vielmehr in der Kürzung der zuvor definierten „Belohnung". Entspricht das Ergebnis der Arbeit des Agenten nicht dem festgelegten Standard, muss dieser dafür also keine Strafe zahlen, erhält aber beispielsweise nicht den vollen vereinbarten Betrag. Zudem kann der Prinzipal in einer solchen Situation die Nachbesserung durch den Agent verlangen, sofern dies innerhalb des Vertragswerkes festgehalten worden ist.
Ziel des Vertrages ist es, möglichst detailliert auf alle denkbaren Szenarien, die während der Dauer der Vertragsbeziehung auftreten können, einzugehen und die jeweils zu leistenden Beiträge im Vorhinein festlegen.[35]

Welche konkreten vertraglichen Regelungen zum Einsatz kommen, ist von der jeweils betrachteten Prinzipal-Agent Beziehung abhängig. Generell gilt der Grundsatz der freien Vertragsgestaltung. Festgelegt werden kann, was für die Auftragsbeziehung von Bedeutung ist, sofern es weder rechts- noch sittenwidrig ist. Die oben genannte Terminologie ist daher äußerst weit gefasst.

Der zeitliche Ablauf der Entstehung einer Vertragsbeziehung wird durch die Abbildung 2 dargestellt, wobei zu beachten ist, dass die durch Jost beschriebenen Zeitpunkte nicht zwingend einzelne Zeitpunkte, sondern vielmehr Zeiträume darstellen. Die Dauer dieser Zeiträume kann jedoch stark voneinander abweichen.

---

[33] Grundsätzlich ist es auch möglich, dass der Agent den Vertrag konzipiert.
[34] Ossadnik, 2009, S.405.
[35] Jost, 2001, S.13.

t = 1	t = 2	t = 3	t = 4	t = 5
Vertragsofferte des Prinzipals an den Agenten	Agent entscheidet über Vertragsannahme	Agent wählt Aktion und Arbeitsanstregung	Aktionsdurchführung ist beendet	Agent erhält Entlohnun

Abbildung 3: Zeitlicher Ablauf einer Prinzipal-Agent Beziehung

(Quelle: Jost 2001, S. 24)

Zum Zeitpunkt t=1, bzw. innerhalb des Zeitraumes t1, konzipiert der Prinzipal einen Vertrag und offeriert diesen dem Agent.

Er unterbreitet ihm ein Angebot zur Auftragsübernahme, wobei zunächst noch nicht alle Details des Vertrages definiert sein müssen. Grundlegend muss die erste Offerte jedoch die Beschreibung der durch den potenziellen Agent zu erbringenden Leistung und einen ersten Vorschlag zur Entlohnung des Agents beinhalten. Die detaillierte Vertragliche Ausgestaltung erfolgt innerhalb des durch t2 beschriebenen Zeitraumes.

Der Agent kann den Vertrag zum Zeitpunkt t = 2 akzeptieren oder aus schlagen („take-it-or leave-it"-Offerte).[36] Bei seiner Entscheidung vergleicht der Agent seine Vor- und Nachteile mit alternativen Vertragsofferten. Falls der Agent mit dieser Vertragsbeziehung mindestens den gleichen Nutzen („Reservationsnutzen") erreichen würde, den er in einer anderen Vertragsbeziehung verwirklichen könnte, stimmt der Agent der Vertragsofferte zu.[37] In diesem Zusammenhang wird auch die detaillierte Vertragliche Ausgestaltung vorgenommen, wobei durchaus Verhandlungen hinsichtlich der Entlohnungshöhe durch den Agenten üblich sind. Auf die Festlegung der konkreten Vertragsbestandteile, wird im Anschluss an die Ausführungen zum zeitlichen Ablauf näher eingegangen.

Sofern sich der Agent zur Annahme des Vertragsangebotes entscheidet, wählt der Agent zum Zeitpunkt t=3 eine Aktion aus. Konkret beinhaltet der Zeitraum t3 daher die Arbeitsschritte zur Erfüllung der vertraglich vereinbarten Pflicht und

---

[36] Bannier, 2005, S.11.
[37] Sappington, 1991, S.46.

16

kann auch als der Prozess der Leistungserbringung bezeichnet werden. Die Intensität und Sorgfalt der Arbeitsanstrengung des Agents kann jedoch stark variieren und steht in direktem Zusammenhang zu dessen Motivation.

Zum Zeitpunkt t=4 ist der Leistungsprozess des Agents abgeschlossen und es liegt ein Ergebnis vor. Sofern dieses nicht die vertraglich vereinbarte Qualität aufweist, muss der Agent ggf. nachbessern, bis der Vertrag zu 100% erfüllt ist oder aber der Prinzipal auf die weitere Leistungserbringung durch den Agent verzichtet. Abschließend wird der Agent zum Zeitpunkt t=5 für seine Leistung entlohnt.

Generell kann zwischen expliziten und impliziten Verträgen unterschieden werden. Um einen expliziten Vertrag handelt es sich immer dann, wenn die wesentlichen Vertragsgrößen von einer dritten außenstehenden Partei verifiziert werden können. Ein Vertragsbruch könnte somit erfolgreich vor Gericht angezeigt und eine Vertragserfüllung durchgesetzt werden. Im Gegensatz dazu ist ein impliziter Vertrag ein Übereinkommen ohne rechtlichen Status und kann gegenüber einem Dritten nicht geltend gemacht werden. Für die Beziehung zwischen Prinzipal und Agent ist die Forderung nach einem expliziten Vertrag typisch.[38]

Des Weiteren kann zwischen vollständigen und unvollständigen Verträgen unterschieden werden. Bei einem vollständigen Vertrag werden alle Eventualitäten der Zusammenarbeit bereits im Vertrag antizipiert und geregelt. Somit bleiben keine Einflussgrößen und möglichen Szenarien unberücksichtigt und für jedes Szenario wären eindeutige Verfahrensweisen definiert. Hingegen werden unvollständigen Vertragen nicht alle Vertragsverbindlichkeiten berücksichtigt.
In der Praxis existiert eine vollständige Vertragsgestaltung jedoch eher nicht, da es nahezu unmöglich ist alle Variablen und deren Ausprägungen zu berücksichtigen. Die Beachtung aller Vertragsverbindlichkeiten ist zudem mit Problemen verbunden. Mit einem vollständigen Vertrag gehen hohe Vertragskosten einher und es ist den einzelnen Parteien durch kognitive Beschränkung nicht möglich alle Eventualitäten vor Vertragsschluss zu antizipieren.[39]

---

[38] Alpaslan, 2006, S.15.
[39] Alpaslan, 2006, S.15.

Angestrebt wird jedoch immer ein hohes Maß an Vollständigkeit. Des Weiteren zielt ein solcher Vertrag immer auch darauf ab, die Ressourcen der beteiligten Vertragspartner effizient zu allokieren und eine Situation der optimalen und gleichmäßigen Risikoverteilung zu schaffen. Eine optimale Risikoteilung gemäß der Risikoneigung beider Parteien wäre dabei der Idealzustand, wobei auch hier in der Praxis eher von einer Annäherung an diesen Zustand gesprochen werden kann.

Im Falle einer asymmetrischen Informationsverteilung zwischen den Vertragsparteien muss der Vertrag darüber hinaus, sofern er nicht vollständig geschrieben werden kann, eine optimale Verhaltenssteuerung erzielen.[40]

3.2.2. Individuelle Nutzenmaximierung und Interessenkonflikte

Dem Ansatz der Prinzipal-Agent Theorie liegt die Annahme der individuellen Nutzenmaximierung zu Grunde. Der Agent ist somit auch bestrebt einen individuellen Nutzen aus der Gesamtsituation zu realisieren und diesen möglichst zu maximieren. Dies birgt jedoch für den Prinzipal das Risiko, dass der Agent seine Verhaltensspielräume zunächst zu seinem eigenen Vorteil nutzt, wobei nicht ausgeschlossen werden kann, dass sich dieser Sachverhalt nachteilig auf den Prinzipal auswirkt. Der individuelle Nutzen des Agents kann in diesem Zusammenhang zudem verschiedene Formen annehmen und wird nicht nur monetäre, sondern ggf. auch nicht-monetäre Aspekte wie Macht und Prestige beinhalten. Das Ziel der Nutzenmaximierung schließt somit auch opportunistische Praktiken wie Betrug, Fälschung und Täuschung nicht aus. Aufgrund dessen verfolgen beide Parteien nicht zwangsläufig identische Interessen. Während beispielsweise der Prinzipal einen möglichst hohen Arbeitseinsatz vom Agenten erwartet, kann dieser bestrebt sein, seinen Arbeitseinsatz möglichst gering zu halten.[41]

Der Konflikt der individuellen Nutzenmaximierung und des opportunistischen Verhaltens bei der Erfüllung eines Auftrages durch den Agenten stellt zunächst kein Problem dar. Dieses entsteht erst dann, wenn Prinzipal und Agent während

---

[40] Bannier, 2005, S.11.
[41] Paul, 2011, S.52.

ihrer Vertragsbeziehung verschiedene Interessen verfolgen. Infolgedessen kann der Prinzipal nicht ex-ante annehmen, dass der Agent sein Verhalten nach den Interessen des Prinzipals ausrichtet. Stattdessen muss der Prinzipal bei der Vertragsgestaltung berücksichtigen, dass der Agent seinen opportunistischen Interessen nachgehen könnte.[42]

Um dieses Risiko möglichst gering zu gestalten bzw. gänzlich auszuräumen ist ein Anreizsystem erforderlich, welches den Agent dazu motiviert, während des gesamten Leistungsprozesses im Interesse des Prinzipals zu handeln, auch wenn seinen persönlichen Interessen damit nicht konform gehen. In der Literatur und auch in der Praxis wird daher immer wieder ein variables Entlohnungssystem konzipiert, welches sich an die Leistungsorientierung des Agents richtet.[43]

3.2.3. Risikofaktoren bei unsicheren Umweltfaktoren

Besteht eine asymmetrische Informationsverteilung, so spielt die Risikoneigung der einzelnen Parteien eine entscheidende Rolle. Unter asymmetrischer Informationsverteilung sind nicht die Aktionen des Agenten, sondern nur das abschließende Auftragsergebnis erkennbar. Zum Zeitpunkt des Vertragsschlusses herrscht Unsicherheit über die zukünftigen Umweltfaktoren. Zudem ist das Auftragsergebnis nicht nur von den Aktionen des Agenten abhängig, sondern auch bedingt von den Entwicklungen der Umwelt, daher ist eine Prinzipal-Agent Beziehung zwangsläufig mit Unsicherheiten verbunden. Es kann daher nicht zwangsläufig ein unmittelbarer Zusammenhang zwischen den Aktionen des Agenten und dem Auftragsergebnis beobachtet werden. Vielmehr ist ein gutes Auftragsergebnis gleichermaßen bei einer hohen und niedrigen Arbeitsintensität des Agenten möglich.[44]

Somit ist die Risikoteilung eine wichtige Zielgröße der Vertragsgestaltung. Hierbei stellt die Verbindung zwischen Motivation und Risikoteilung ein Problem

---

[42] Alpaslan, 2006, S.18.
[43] Göbel, 2002, S.98f.
[44] Bannier, 2005, S.12.

dar. Eine angemessene Risikoteilung impliziert, dass der Akteur mit der höheren Risikoaversion einen kleineren Teil des Risikos trägt. Daraus ergibt sich die These: Je risikoaverser ein Akteur ist, desto weniger sollte sein Ergebnis von der Ausprägung des Gesamtergebnisses abhängen. Demnach müsste ein risiko-averser Agent bei einem risikoneutralen Prinzipal gar nicht am Risiko beteiligt werden und einen fixen Lohn unabhängig von seinen Leistungen bekommen. Dadurch verliert aber der Agent die Motivation Entscheidungen im Sinne des Prinzipals zu treffen. Übernimmt nun aber der risikoaverse Agent einen Teil des Risikos, sollte der Prinzipal diesem eine Prämie in Form einer höheren Entloh-nung zugestehen. Dies hat wiederum den Nachteil für den Prinzipal, dass ihm höhere Kosten durch die ausgezahlte Prämie entstehen. Hierdurch entsteht für den Prinzipal ein klassisches „trade-off" zwischen Motivation und Kosten.[45]

Gerade in diesem Zusammenhang ist ein ausgewogenes Kosten-Nutzen- Verhält-nis von besonderer Bedeutung. Der Prinzipal muss die Prioritäten einzelner Arbeitspakete bzw. der Charakteristika festlegen und weiterhin auch bereit sein, hierfür eine entsprechende Entlohnung dafür aufzubringen.
Ein Patentrezept kann in diesem Zusammenhang allerdings nicht angewendet werden, da die Varianten für Handlungen und Ansprüche des Prinzipals zu viele Ausprägungen annehmen können.

3.3. Informationsasymmetrien

Der folgende Abschnitt definiert den Begriff der Informationsasymmetrie und versucht entsprechend die Frag zu beantworten, unter welchen Bedingungen eine Symmetrie der Informationen besteht. Zudem können Informationsasymmetrien kategorisiert werden und bilden weiterhin die Ursache für die in Abschnitt 4. Berücksichtigen Probleme der Prinzipal-Agent-Theorie.

---

[45] Ossadnik, 2003, S.416.

3.3.1. Definition und Dimensionen

Nach Haberer besteht ein symmetrisches Informationsgefüge genau dann, wenn „Akteure sowohl alle Umweltzustände kennen (=Sicherheit), als auch die Handlungen und Entscheidungen derjenigen Akteure beobachtet werden können, die mit ihren Entscheidungen die Wohlfahrt anderer Akteure beeinflussen."[46] In diesem Idealzustand wären alle Entscheidungs-und Handlungsrelevanten Informationen vollständig vorhanden. Es gäbe keine Unsicherheiten. Derartige Idealvorstellungen existieren jedoch fast ausschließlich in der Theorie und sind in der Praxis nur selten zu finden.

Weitaus wahrscheinlicher ist es hingegen, dass Akteure nicht 100%ig über die gleichen Informationen verfügen und diese somit ungleich, also asymmetrisch, zwischen den Akteuren verteilt sind.[47]

In diesem Zusammenhang kann der Begriff der Informationsasymmetrie nach unterschiedlichen Merkmalen differenziert werden, wobei diese je nach Autor variieren können.

Basierend auf der Frage: „Wer weiß wann wie viel?" geht man von vier Dimensionen der Informationsasymmetrie aus. Hierbei können die personellen, zeitlichen und die inhaltlichen Aspekte sowie die Verifizierbarkeit von Informationen zur Unterscheidung herangezogen werden.

In der Literatur werden weiterhin der Aspekt der Beeinflussbarkeit der Informationsverteilung und der Ursprung des Informationsdefizites als Unterscheidungsmerkmal herangezogen. Diese sollen im Folgenden jedoch nicht Gegenstand der Betrachtungen sein.

---

[46] Haberer, 1996, S.31.
[47] Scholtis, 1998, S.12.

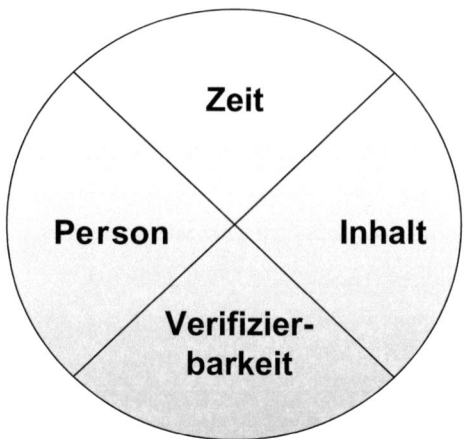

Abbildung 4: Dimensionen von Informationsasymmetrien
(Quelle: eigene Darstellung)

Innerhalb der Vertragsbeziehung gibt es verschiedene Akteure, bei denen die relevanten Informationen liegen können. Hierbei handelt es sich um den privaten Informationsvorteil jedes Teilnehmers, wobei die Person die entscheidende Dimension darstellt.[48]

Somit ist entscheidend WER über die relevanten Informationen verfügt und den Informationsvorsprung auf seiner Seite hat.[49]

Diese Konstellation aufzudecken ist jedoch häufig schwieriger als es zunächst erscheinen mag, da diese Gefüge innerhalb der Dauer der Vertragsbeziehung nicht konstant sein müssen. Vielmehr kommt es immer wieder zu Verschiebungen und somit zur Veränderung der Vorteilsposition. Somit können alle Akteure innerhalb des Prozesses in der vorteilhafteren Position sein und den weiteren Verlauf maßgeblich beeinflussen.

---

[48] Rieck 1993, S. 85-109.
[49] Alparslan, 2005, S.20.

Weiterhin ist der Inhalt der Informationen eine wesentliche Komponente. Hierbei geht es vor allem darum, welche Informationen zwischen dem Agenten und dem Prinzipal ungleich verteilt sind.[50]

In diesem Zusammenhang ist zudem die Relevanz der einzelnen Informationen entscheiden. Es handelt sich daher weniger um ein quantitatives, als um ein qualitatives Problem. Entscheidens ist häufig nicht, welcher der Akteure mehr Informationen vorweisen kann, sondern Welche und wie wichtig diese für den weiteren Verlauf der Vertragsbeziehung sind.

Die Verifizierbarkeit von Informationen ist vor allem innerhalb der vertraglichen Gestaltung von besonderer Bedeutung, da in dem Vertragswerk alle Grundsätze und Bestandteile der Zusammenarbeit definiert werden. Diese sind vor allem bei unterschiedlichen Auffassungen der Vertragspartner und daraus resultierenden Streitsituationen von essentieller Bedeutung. Es ist daher umso wichtiger alle wesentlichen Informationen festzuhalten und deren Nachvollziehbarkeit für alle Parteien zu gewährleisten.[51]

Innerhalb jeder Phase können Informationsasymmetrien vorliegen, wobei der Zeitpunkt ihres Auftretens entscheidend für den weiteren Verlauf der gesamten Vertragsbeziehung sein kann. In diesem Zusammenhang ergeben sich für alle Beteiligten der Vertragsverhandlungen unterschiedliche Handlungsspielräume, die sich in Abhängigkeit der vorliegenden Informationen verändern.[52]

Wann welche Informationen vorliegen, kann somit den gesamten Verlauf der Prinzipal-Agent-Beziehung grundlegend verändern. Die Relevanz dieser Dimension wird daher als Ausgangspunkt genommen, um weitere Unterscheidungskriterien anzulegen, woraus sich die Klassifikation der Prinzipal-Agent-Probleme ableiten lässt.[53]

---

[50] Rieck 1993, S. 85-109.
[51] Rieck 1993, S. 85-109.
[52] Rieck 1993, S. 85-109.
[53] Alparslan, 2005, S. 21.

3.3.2. Klassifikation verschiedener Typen

Grundlegend können sich die speziellen Formen der Informationsasymmetrie zwischen Prinzipal und Agent hinsichtlich ihrer Ursachen in drei verschieden Typen klassifizieren lassen:

- Hidden Characteristics
- Hidden Action/ Hidden Information
- Hidden Intention

Die sogenannten Hidden Characteristics richten fokussieren die Qualitätseigenschaften des Agenten und seiner Leistungserbringung, die der Prinzipal exante möglicherweise nicht bekannt sein könnten, bzw. er diesbezüglich getäuscht worden ist. Es handelt sich somit um grundlegende Eigenschaften, die dem Prinzipal verborgen bleiben und in dessen Entscheidungsfindungsprozess nicht integriert werden können.

Somit besteht für ihn die Gefahr, dass er nicht den geeignetsten Kandidaten auswählt. Diese Gefahr kann auch als Adverse Selection bezeichnet werden und soll in einem späteren Kapitel genaueren Untersuchung unterzogen werden.
Weiterhin treten Hidden Characteristics immer vor Vertragsabschluss auf, bzw. beziehen sich auf die Phase vor Vertragsschluss. Selbst wenn der Prinzipal zu einem späteren Zeitpunkt Kenntnis über Eigenschaften des Agents erlangt, die von einer mangelhaften Eignung für die Erfüllung des Vertrages zeugen, so kann dies nur dann Konsequenzen haben, wenn dem eine entsprechend konkrete Vertragsgestaltung vorausgegangen ist.[54]

Ein Beispiel hierfür wäre die Beziehung zwischen einem Vertriebsleiter und seinem Außendienstmitarbeiter. Die Informationsasymmetrie würde darin bestehen, dass dem Vertriebsleiter nicht bekannt ist, wie qualifiziert der Mitarbeiter für die Akquisition von neuen Kunden ist oder welche persönlichen Kosten ihm mit seinem Arbeitseinsatz entstehen. Der Prinzipal kennt zwar die Aktion des

---

[54] Hess, 1999, S. 8.

Agenten und die vorliegenden Umweltfaktoren nach Vertragsschluss, weiß aber zum Zeitpunkt seiner Vertragsofferte nicht, ob der Agent das vom Prinzipal gewünschte Leistungsvermögen tatsächlich besitzt. Hierbei besteht die Gefahr, dass es zu einer Kooperation mit einem Agent kommt, der aus Sicht des Prinzipals für die entsprechende Aufgabe nicht geeignet ist.[55]

Der Begriff der Hidden Action bezeichnet Schwierigkeiten aufgrund von Informationsasymmetrien, die ex post, d.h. nach Vertragsabschluss, auftreten.
Es handelt sich hierbei um versteckte Handlungen des Agenten. Der Prinzipal kann diese nicht vollständig kontrollieren und läuft Gefahr, dass der Agent vertraglich vereinbarte Handlungen unterlässt. Diese können sich, da sie gemeinhin unbemerkt bleiben, negativ für den Prinzipal auswirken.
Dieses Risiko liegt immer dann vor, wenn das Unterlassen einen höheren Nutzen für den Agent aufweist, als die Durchführung der erwarteten Handlungen. Sofern das Ergebnis ausschließlich von den Handlungen des Agents abhängig ist, wird die Hidden Action am Ende des Leistungsprozesses deutlich und der Prinzipal hätte die Möglichkeit entsprechende Konsequenzen, beispielsweise die Kürzung des vereinbarten Entgeltes oder Schadensersatzansprüche, einzuleiten.[56]
So könnte beispielsweise ein Aufsichtsrat (Prinzipal) nicht einschätzen, ob die gewählte Strategie des Vorstandes (Agent) in der Absicht der Eigentümer war, wenn dieser keine genaue Kenntnis über die möglichen Alternativen des Vorstandes hat. Nunmehr kann der Prinzipal nicht unterscheiden, ob ein nicht zu friedenstellendes Ergebnis durch den Agent zu verantworten ist oder durch einen ungünstigen Umwelteinfluss.[57]

Unter Hidden Action fällt auch die Benutzung der Ressourcen des Auftraggebers für private Zwecke des Agenten. Ein solches als „consumption on the job" bezeichnetes Verhalten kann in der privaten Nutzung des Internets bestehen oder in privaten Fahrten mit dem Dienstwagen.[58]
Auch die Problematik der Hidden Information tritt ex post auf und gestaltet sich ähnlich wie die der Hidden Action. In diesem Fall kann der Prinzipal zwar das

---

[55] Jost, 2002, S.27f.
[56] Fritsch/Wein/Ewers 2005, S. 292ff.
[57] Picot et al., 2001, S.59.
[58] Göbel, 2001, S.102.

Verhalten des Agenten beobachten, aufgrund fehlender Informationen (Fachkenntnisse) jedoch nicht beurteilen.[59]

So kann es beispielsweise für einen Bereichsleiter, der Spezialist in seinem Fachgebiet ist, von Vorteil sein, nicht die tatsächlichen Gewinne seines Bereichs, sondern verminderte Zahlen an die Zentrale zu melden. Dadurch könnte er den Abfluss finanzieller Mittel an die Zentrale reduzieren und könnte sich für die nächste Periode größere finanzielle Handlungsspielräume sichern.[60]

Diese Problematik stellt sich immer dann ein, wenn der Prinzipal nicht über das Fachwissen verfügt, welches der Agent aufweisen kann. Diese Konstellation bzw. Wissensverteilung ist häufig jedoch der Grund, weshalb eine Prinzipal-Agent-Beziehung überhaupt angestrebt wurde. Der Agent kann somit die Handlung wählen, die ihm selbst den größten Nutzen verschafft. Dementsprechend können Aktionäre oft nicht einschätzen, ob sich Manager für die in ihrem Sinne beste Investitionsalternative entscheiden, oder ob eigennützige Aspekte, wie Machtzuwachs oder Statusgewinn, ausschlaggebend waren.[61]

Sowohl im Fall der Hidden Action als auch der Hidden Information erlangt der Prinzipal zwar Kenntnis von dem Ergebnis der Handlungen des Agents, kann allerdings nicht beurteilen, inwiefern das tatsächlich auf den Agenten oder aber auf anderen exogene Faktoren zurückzuführen ist. Der Prinzipal kann also nicht sicher sein, dass der Agent diese Situation nicht zu seinen Gunsten Ausnutzt. Diese Problematik wird auch als Moral Hazard bezeichnet und soll in einem späteren Kapitel Gegenstand der Betrachtungen sein.

Im Fall der Hidden Intention sind durch den Prinzipal irreversible Vorleistungen, so genannte „Sunk costs", erbracht worden. Durch diese spezifischen Investitionen gerät der Prinzipal in ein Abhängigkeitsverhältnis zum Agenten, weil er nun auf dessen Leistungen angewiesen ist und ihn nicht mehr zu einem interessenkonformen Verhalten bewegen kann. Im Gegensatz zu Hidden Action oder Hidden Information bleiben die Handlungen des Agenten dem Prinzipal nicht verborgen, sondern treten innerhalb der Vertragsbeziehung offen zu Tage. Das Problem

---

[59] Ossadnik, 2009, S.409.
[60] Wall, 1999, S.59.
[61] Göbel, 2001, S.102.

einer opportunistischen Ausnutzung bestehender Abhängigkeiten wird als Hold Up bezeichnet.[62]

3.4. Agency Kosten

Die Prinzipal-Agent Theorie wird in der Literatur in einen „normativen" und einen „positiven" Zweig unterteilt. Der normative Ansatz modelliert unter Verwendung von mathematischen Methoden Lösungsansätze zur Koordinierung von Vertragsbeziehungen.[63] Dabei beschäftigen sich die positiven Modelle in verbaler Form mit der Beschreibung und Erklärung institutioneller Gestaltung von Auftragsbeziehungen in der Realität.[64] In der positiven Prinzipal-Agent Theorie wird der Nutzen alternativer Verträge anhand der damit verbundenen Agency-Kosten beurteilt.

Wenn in der Beziehung zwischen Prinzipal und Agent eine symmetrische Informationsverteilung existiert, kann der Prinzipal den Agenten trotz potentieller Interessendivergenzen zu den gewünschten Entscheidungen zwingen, indem er unerwünschte Aktionen des Agenten sanktioniert. Die optimale Lösung, die auf diesem fiktiven Idealzustand beruht, wird als „first best-Lösung" bezeichnet. Ist die Information aber asymmetrisch verteilt, kann bei herrschenden Interessendivergenzen bloß die „second best-Lösung" umgesetzt werden.[65]

Die Differenz zwischen der „first best-Lösung" und der „second best-Lösung" wird als Agency Kosten bezeichnet. Nach Jensen und Meckling lassen sich diese Kosten in drei Komponenten unterteilen:[66]

- Überwachungs- und Kontrollkosten des Prinzipals (Monitoring Costs)
- Signalisierungs- und Garantiekosten des Agenten (Bonding Costs)
- Residualverlust (Residual Costs)

---

[62] Picot et al., 2001, S.60.
[63] Alparslan, 2006, S.38.
[64] Meinhövel, 2004, S.470.
[65] Ossadnik 2009, S.406; Picot et al. 2001, S.73.
[66] Jensen/Meckling, 1976, S.308; Picot et al., 2008, S.73.

In den Überwachungs- und Kontrollkosten sind neben den Kosten für die Vertragsgestaltung und die Kontrolle über das Leistungsverhalten des Agenten sämtliche Anstrengungen des Prinzipals enthalten, die bestehende Informationsasymmetrie zu vermindern. Ein mögliches Beispiel hierfür wäre ein Assessment-Center bei der Auswahl von Bewerbern.[67]

Die Signalisierungs- und Garantiekosten des Agenten bestehen aus dessen Anstrengungen zur Reduzierung der Informationsasymmetrie zwischen ihm und dem Prinzipal. Beispiele hierfür sind von einem Stellenbewerber vorgelegte Arbeitszeugnisse, Garantiezusagen seitens eines Verkäufers oder Sicherheitsleistungen eines Kreditnehmers.[68] Diese Kosten hat der Prinzipal indirekt über die Entlohnung zu tragen, da der Agent den Vertrag sonst nicht akzeptieren würde.

Ungeachtet der ganzen Bemühungen zur Reduzierung der Informationsasymmetrie verbleibt in der Regel eine Diskrepanz zwischen dem Realzustand und einem idealisierten Zustand vollkommener Information. Der hieraus verbleibende Wohlstandsverlust wird als Residualverlust bezeichnet.[69]

Er umfasst weiterhin Differenz zwischen dem optimalen Ergebnis und dem nächstbesten Ergebnis der Realisierung des erklärten Handlungsziels. Solange die Residualkosten bzw. der Wohlfahrtsverlust jedoch durch den Einsatz weiterer Bonding- und/oder Monitoring-Maßnahmen verringert werden kann, wird dies das erklärte Ziel sein. Eine sorgfältige Kosten-Nutzen-Analyse ist daher unabdingbar.[70]

Aufgrund der schlechten Quantifizierbarkeit von Agency-Kosten dienen sie in erster Linie als heuristisches Beurteilungskriterium. Ein wesentliches Problem dieser Theorie ist jedoch, dass diese nicht genau quantifizierbaren Agency-Kosten als Optimierungsgrößen in Prinzipal-Agent Modellen verwendet werden.[71]

---

[67] Ossadnik, 2009, S.406.
[68] Picot et al 2008, S.73.
[69] Meinhövel, 2004, S.473.
[70] Heinrich 2004, S.32f.
[71] Dietl, 1993, S.145.

Mit zunehmender Informationsasymmetrie nimmt der Steuerungsbedarf des Prinzipals zu und gleichzeitig auch die Agency-Kosten.

4. Diffizile Aspekte von Prinzipal-Agent-Beziehungen

4.1. Prinzipal-Agent Probleme

Aufgrund von Interessenkonflikten, unsicheren Umweltfaktoren und asymmetrischer Informationsverteilung besteht für den Prinzipal das Risiko im Rahmen der Vertragsbeziehung vom Agenten ausgenutzt zu werden bzw. eine minderwertige Leistung zu empfangen.

Sofern eine Interessenharmonie zwischen Prinzipal und Agent besteht, spielen Umweltunsicherheit und Informationsasymmetrie keine Rolle. Folge dessen muss der Prinzipal in diesem Fall kein opportunistisches Verhalten des Agenten fürchten. Angesichts der Interessenharmonie wird der Agent seine Entscheidungen immer im Sinne des Prinzipals treffen.[72]

Agentur-problem	Adverse Selection	Hold-Up	Moral Hazard	
Informations-asymmetrie	Hidden Characteristics	Hidden Intention	Hidden Information	Hidden Action
Informations-problem	Qualifikation des Agenten unbekannt	Absichten des Agenten unbekannt	Fachwissen des Agenten unbekannt	Arbeitseinsatz des Agenten nicht be-obacht- oder beurteilbar
Zeitpunkt	vor Vertrags-schluss	nach Vertragsschluss		
Verhaltens-transparenz	ex post bekannt		ex post verborgen	
Lösungs-ansätze	Screening, Signaling	Vertragsgestaltung	Monitoring, Reporting, Self-Selection, Bonding	

Abbildung 5: Prinzipal-Agent-Probleme

Quelle: eigene Darstellung in Anlehnung an Saam 2002, S. 28)

---

[72] Alparslan, 2006, S.25; Husted, 2007, S.187-188.

Daher werden in dieser Arbeit die Typen der Informationsasymmetrie und die Prinzipal-Agent Probleme separat betrachtet. Die vorangegangene Tabelle nach Saam 2002 spiegelt die Klassifizierung der einzelnen Agenturprobleme wieder und soll weiterhin als Ausgangspunkt für die sich anschließenden Erläuterungen dienen. Hierzu erfolgt die Klassifikation der Agency-Probleme anhand der vorliegenden Informationsasymmetrien und des Zeitpunktes ihres Auftretens.

4.1.1. Adverse Selection Problem

Das Adverse Selection Problem resultiert vor allem aus dem vorhandenen Risikofaktor der Hidden Characteristics. Es gründet sich daher überwiegend auf den für den Prinzipal verborgenen Eigenschaften des Agents. Während beide Vertragspartner vor Vertragsschluss über die entsprechenden Modalitäten verhandeln und zudem die grundlegenden Anforderungen an die Qualifikation des Agents definieren bzw. sich darüber austauschen, ist der Prinzipal immer zu einem gewissen Maß an Vertrauen gegenüber dem Agent gezwungen. Zwar können Qualifikationen mit Hilfe durch entsprechende Zeugnisse und Zertifikate belegt werden, allerdings sind diese zu keiner Zeit ein Garant dafür, dass das theoretisch vorhandene Wissen auch tatsächlich in die Praxis übertragen bzw. vermittelt werden kann. Dieser mitunter problematische Umstand sollte dem Prinzipal in jeder Phase der Prinzipal-Agent-Beziehung bewusst sein und sowohl in der zeitlichen als auch der finanziellen Planung berücksichtigt werden.[73]

Aus diesem Grund ist es weiterhin von besonderer Relevanz, dass die Anforderungen die mit einer Vertragsofferte einhergehen, explizit definiert sind und zum Inhalt der Vertragsverhandlungen sind. Offeriert beispielsweise ein Prinzipal einem potenziellen Agenten einen Auftrag, der durchschnittliche Qualifikationen bzw. Wissen voraussetzt, so sollte der Prinzipal mindestens drei Szenarien als mögliche Ergebnisse in Betracht ziehen: Die für den Prinzipal günstigste und risikoärmste Variante stellt sich dann ein, wenn die Qualifikation des Agenten exakt oder mit vernachlässigbaren Abweichungen mit dem Anforderungskatalog des Prinzipals

---

[73] Saam, 2002, S.28f.

übereinstimmt. In diesem Fall wäre das Risiko für den Prinzipal gering und entsprechend überschaubar.

Des Weiteren besteht die Möglichkeit, dass das Anforderungsprofil weniger
verlangt, als der Bewerber an Qualifikationen zu bieten hat, er also für die offerier-
te Aufgabe zu hoch qualifiziert ist, und aus diesem Grund den Vertrag nicht
schließen möchte, da die Konditionen des Vertrages nicht genügend Anreize zur
Vertragsbildung geben. Das Risiko für den Prinzipal besteht in diesem Fall
lediglich darin, dass sich die Suche nach einem geeigneten Vertragspartner
zeitlich herauszögert oder aber die Entlohnung angepasst werden müsste.

Das dritte mögliche Szenario beruht darauf, dass der Prinzipal ein durchschnittli-
ches Anforderungsprofil erwartet, welches der werbende Agent nicht erfüllt und
daher nachahmt und den Prinzipal über die mindere Qualifikation hinwegtäuscht.
Die Intention des Agenten liegt in der Realisierung eines lukrativen Auftrages,
den er aufgrund seiner Qualifikation nur durch Täuschung für sich gewinnen
kann. Betrachtet man diese drei möglichen Szenarien, so wird deutlich, dass wohl
die größte Gefahr für den Prinzipal darin besteht, Agenten mit schlechten Eigenschaften anzuziehen.[74]

Ein Beispiel für dieses Problem liefert Akerlof (1970) in „The Market for Lemons".
Hierbei besteht eine Informationsasymmetrie zwischen den Käufern und Verkäu-
fern von Gebrauchtwagen. Der Käufer eines Fahrzeuges kann sich nicht sicher
sein, ob er tatsächlich ein gutes oder mangelhaftes Fahrzeug erhalten wird, weil
ihm der Verkäufer entsprechende Informationen verheimlicht, um so den höchstmöglichen Preis für sein Kfz zu erhalten. Dies würde auf kurz oder lang den
Gebrauchtwagenmarkt zum Erliegen bringen. Daher sind beide Parteien daran
interessiert diesem Problem entgegenzuwirken.[75]

---

[74] Jost, 2001, S.28.
[75] Fabrizio / Braun, 2002, S.148; Spremann, 1990, S.574.

4.1.2. Moral Hazard Problem

Das Moral Hazard Problem kann je nach Autor auch noch einmal hinsichtlich seiner Ursache unterschieden werden, da die Ursachen für das Moral Hazard Problem sowohl auf dem Aspekt der Hidden Action als auch dem der Hidden Information basieren können.[76]

In beiden Fällen jedoch ergibt sich ein moralisches Risiko für den Prinzipal, welches für ihn häufig auch nach Vertragserfüllung verborgen bleibt.

Bei Hidden Action ist der Prinzipal dem moralischen Risiko insoweit ausgesetzt, dass der Prinzipal die Handlungen des Agenten nach Vertragsschluss entweder nicht beobachten oder nicht beurteilen kann.[77] Aufgrund dieser Wissenskonstellation kann der Agent die ihm übertragenen Entscheidungsrechte zu seinem eigenen Vorteil nutzen und lediglich seine individuellen Interessen verfolgen. Aufgrund seiner opportunistischen Zielsetzung wird sich der Agent möglicherweise für eine Handlung entscheiden, die zwar zu einer vermeintlichen Vertragserfüllung führt, aber nicht zwingend auch im Interesse des Prinzipals ist. Ein schlechtes Ergebnis oder die Konsequenz seiner „Drückebergerei" („Shirking") kann der Agent auf diese Weise auf ungünstige Umweltfaktoren zurückführen.[78]

Auch bei dem Aspekt der Hidden Information steht der Prinzipal einem moralischen Risiko gegenüber, dessen Höhe wesentlich durch den Agenten und dessen Verhalten bestimmt wird. Ein für den Prinzipal schlechtes Ergebnis lässt sich allerdings nicht oder nur teilweise auf den Agenten zurückführen, weil dieser gegenüber dem Agenten den Informationsnachteil hat. Der Prinzipal weiß nicht, ob der vom Agenten getätigte und gegenüber dem Prinzipal mittels Leistungsnachweis kommunizierte Einsatz adäquat war bzw. tatsächlich stattgefunden hat. Ein möglicher Misserfolg oder die nicht vollständige Vertragserfüllung kann weiterhin durch die Täuschung des Agenten oder das Eintreffen von Umweltfaktoren, die der Agent nicht zu verantworten hat, bedingt sein. Kann die Ursachenidentifikation

---

[76] Saam, 2002, S.30.
[77] Husted, 2007, S.185.
[78] Alparslan, 2006, S.27; Küpper, 2001, S.49.

nicht nachweislich stattfinden, so kann der Prinzipal den Agenten für den Misser-folg und die damit einhergehende nicht vertragskonforme Aufgabenerfüllung zu Verantwortung ziehen. Infolgedessen ist der Prinzipal trotz des für ihn nachteiligen Arbeitsergebnisses zur Erfüllung seiner vertraglichen Pflicht, der vollständigen Entlohnung des Agenten, verpflichtet.[79]

4.1.3. Hold Up Problem

Innerhalb des Hold Up Problems liegt die Informationsasymmetrie der Hidden Intention vor. Der Prinzipal kann den Opportunismus des Agenten zwar beobach-ten, aber nicht verhindern, weil dieser sich aufgrund von beziehungsspezifischen Investitionen in einem Abhängigkeitsverhältnis befindet. Weiterhin bedeutet das für den Prinzipal, dass er nicht auf andere Vertragspartner ausweichen kann und somit dem Goodwill des Agents nahezu vollständig ausgeliefert ist. (vgl. Picot et al., 2008, S.75)

Ein typisches Prinzipal-Agent Problem ist darin zu sehen, dass man vor Vertrags-schluss gerne wissen möchte, ob man ein solches Hold Up Problem von seinem Vertragspartner befürchten muss. (vgl. Göbel, 2002, S.103)

Ein Beispiel für solch eine Situation könnte wie folgt aussehen: „Zwei Bereiche eines Unternehmens, Produktion (P) und Vertrieb (V), stehen in Lieferbeziehun-gen zueinander. Die Verrechnungspreise werden ausgehandelt.
P verkauft sein Zwischenprodukt an V und hat zu diesem Zweck erhebliche transaktionsspezifische Investitionen vorgenommen, während V nur wenig investieren musste, um seinen Bereich an die spezifischen Eigenheiten des Produkts von P anzupassen. Infolgedessen kann V mit verhältnismäßig geringen Kosten seinen Lieferanten wechseln. P ist aber wesentlich darauf angewiesen, die Transaktionen mit V fortzusetzen. Diese Umstände eignen sich bestens für ex post opportunistisches Verhalten von V, da dieser die prekäre Lage von P

---

[79] Jost, 2001, S.30-31.

ausnützen kann. Diese Situation ist beispielhaft für die Möglichkeit eines „Raub-
überfalls" (Hold-Up) durch V".[80]

Ein weiteres Beispiel wäre eine überhöhte Gehaltsforderung eines Spezialisten,
nachdem sein Arbeitgeber einen zeitlich limitierten Großauftrag erhalten hat, zu
dessen Erfüllung er den Spezialisten braucht.[38] Dieses Problem spielt eine große
Rolle im Transaktionskosten-Ansatz, hat aber im Prinzipal-Agent Ansatz eine
geringe Bedeutung gefunden und wird hier daher nur der Vollständigkeit halber
erwähnt.[81]

Ein wesentlicher Faktor des Hold Up Problem besteht somit in der starken Abhängigkeit des Prinzipals von dem Willen und der Intention des Agenten. Der Agent
hat nach Vertragsabschluss die Möglichkeit, die weitere Beziehung durch den
durch die Vertragsbeziehung resultierenden Handlungsspielraum zu seinen
Gunsten zu nutzen, ohne das er bis zu einem gewissen ‚Punkt Konsequenzen
befürchten muss. Der Prinzipal wird derartige Verhaltensweisen innerhalb eines
Akzeptanzrahmens dulden, da ihm durch eine vorzeitige Lösung der Geschäftsbe-
ziehung Kosten entstehen, die er zu vermeiden versucht. Erst wenn die für den
Prinzipal nachteiligen Aspekte, höhere Kosten verursachen als eine vorzeitige
Beendigung des Vertrages, wird der Prinzipal zu dieser Konsequenz tendieren.[82]

Basierend auf diesen Überlegungen, hat der Agent immer einen Handlungsspielraum, den er für seinen eigenen Vorteil nutzen kann, ohne dafür nachteilige
Konsequenzen fürchten zu müssen. Mit einem derartigen Verhalten gehen allerdings auch ein möglicher Vertrauens- und Ansehensverlust einher. Folgeaufträge
können mitunter ausbleiben und durch den Einkommensverlust höhere Kosten
verursachen als durch das Verhalten Vorteile erzielt werden können.

---

[80] Richter / Furubton, 1999, S.92f.
[81] Paul, 2011, S.54.
[82] Saam 2002, S.29.

4.2. Lösungsansätze zur Reduzierung von Prinzipal-Agent Problemen

Wie bereits in Abschnitt 4.4.1. erläutert basiert die grundlegende Problematik der Adverse Selection auf den Eigenschaften des Agenten, die dem Prinzipal verborgen bleiben. Dem Prinzipal bleiben mitunter das tatsächliche Wissen über die Kenntnisse und Fähigkeiten des Agenten verborgen. Aufgrund dieses Umstandes setzt der Prinzipal eine Qualifikation des Agenten voraus, die dieser gar nicht oder aber nur teilweise aufweist. Wäre ihm diese mangelhafte Qualifikation nicht verborgen geblieben, hätte sich die weiterhin resultierende Problematik der Nicht-Erfüllung, nur mangelhaften Erfüllung oder der zeitlichen Verzögerung der Aufgabenbewältigung durch den Agenten vermeiden lassen.

Um dieses Risiko Ansätze der Problemlösung bzw. Vorbeugung. Im Folgenden sollen daher die Methoden Screening, Self-Selection und Signaling einer differenzierteren Betrachtung unterzogen werden, um deren Ansatzpunkte zu erkennen und Chancen zur Risikovermeidung identifizieren zu können.

Das Grundproblem des Moral Hazard besteht aufgrund der fehlenden Kenntnisse seitens des Prinzipals über den Leistungserstellungsprozess. Die eigentliche Problematik tritt erst nach Vertragsschluss auf. Dem Prinzipal bleiben aufgrund der Charakteristik der Prinzipal-Agent Beziehung sowohl Aktivitäten als auch Informationen, die mit dem Auftrag und dessen Ausführung in unmittelbarem Zusammenhang stehen, verborgen. Die hierdurch entstehende Unwissenheit birgt mitunter hohe Risiken hinsichtlich der Qualität der Pflichterfüllung durch den Agenten.[83]

Um diese Risiken zu verringern oder bestenfalls gänzlich auszuschließen, bedienen sich Auftraggeber häufig des Monitorings bzw. Reportings. Auch der Einsatz verschiedener Informationssysteme und der Aufbau einer grundlegenden Vertrauensbasis gelten diesbezüglich als zielführend.

Die Ursachen verschiedener Risiken und Probleme hinsichtlich der Prinzipal-Agent-Beziehungen liegen fast ausschließlich in unvollständigen Informationen

---

[83] Husted, 2007, S.185f.

bzw. unterschiedlich ausgeprägten Wissensständen und resultierenden Informationsasymmetrien. Um eben diese zu beseitigen oder mindestens zu verringern werden Informationssysteme benötigt, die auf die vorliegenden Problematiken abgestimmt sind. Mit Hilfe von Informationssystemen sollen somit alle relevanten Informationen generiert werden. Diese können sowohl direkt mit Hilfe der Zielgrößen oder aber indirekt anhand von Hilfsgrößen generiert werden. Diese Hilfsgrößen sind sogenannte Indikatoren, die Rückschlüsse auf die Ausprägungen der Zielgrößen haben. Dem Informationsbeschaffungsprozess sind allerdings Grenzen gesetzt, die sowohl organisatorischer als auch definitorischer Natur sein können. Informationsasymmetrien lassen sich somit nicht immer vollständig beseitigen, jedoch zumindest verringern und helfen dadurch die Risiken einzugrenzen und besser abschätzen zu können. Vor allem durch die Informationsbeschaffung mit Hilfe definierter Indikatoren birgt jedoch immer auch ein Restrisiko, da eine nicht in jedem Fall eine perfekte Korrelation zwischen den Zielgrößen und den gewählten Hilfsgrößen bestehen und daher auch deren Aussagekraft diesbezüglich nur begrenzt ist.[84]

Im Folgenden sollen werden verschiedene Methoden dargestellt, mit denen ein Ausgleich der Informationsasymmetrien bewirkt werden soll.

4.2.1. Screening und Signaling

Der wesentliche Risikofaktor liegt in der ungleichen Risikoverteilung aufgrund unterschiedlicher Informationsverteilung zwischen dem Prinzipal und dem Agenten. Diese kann sich einstellen, ohne dass beide Parteien darüber Kenntnis erlangen, kann aber auch absichtlich durch den Agenten hervorgerufen werden. Um eine Täuschung des Prinzipals dieser Art zu vermeiden, hat der Prinzipal die Möglichkeit ein Screening durchzuführen. Der Prinzipal versucht daher bereits vor Vertragsschluss mit dem Agenten nicht nur die durch den Agenten übermittelten Informationen als Basis für die künftige Beziehung und Verhandlungsgrundlage zu nutzen, sondern weiterhin Informationen zu gewinnen, die nicht aktiv durch den

---

[84] Opitz 200, S.47.

Agenten bereitgestellt werden. So hat der Prinzipal die Möglichkeit, Informationen zu generieren, die nicht zuvor den Filter des Agenten passierten.[85]

Hierdurch kann sich der Prinzipal auch ohne das Wissen des Agenten eine Informationsgrundlage schaffen, um eine fundierte und umfassende Entscheidungsgrundlage über die tatsächliche Qualifikation des Agenten realisieren zu können.

Das Screening besteht somit in der systematischen Informationsgewinnung hinsichtlich der Eigenschaften und Qualifikation des (potenziellen) Agenten anhand geeigneter (externer) Quellen. Die Auswahl dieser Quellen sollte anhand der Beurteilung hinsichtlich ihrer Verlässlichkeit erfolgen. In der Ermittlung der Aussagekraft dieser Eigenschaften der identifizierten Quellen liegt in diesem Zusammenhang die wesentliche Schwierigkeit.[86]

Betrachten wir das Verfahren des Screenings am Beispiel der Personalbeschaffung, äußert sich diese Problematik wie folgt:
Der Agent vermittelt dem Prinzipal anhand seiner Bewerbungsunterlagen (bestehend aus der eigenen Qualifikationsbeschreibung und vorliegenden Zeugnissen und Zertifikaten) ein Qualifikationsprofil. Die Beschreibung seiner Qualifikation wird der Agent immer zu seinen Gunsten formulieren und dadurch möglicherweise auch Anpassungen vornehmen, die sich vorteilhaft auf die Bewertung durch einen Außenstehenden auswirken aber nicht zwingend die Realität wiederspiegeln. Die Wahrscheinlichkeit, dass ein Agent das Profil von sich" schönt" ist somit sehr hoch und birgt ein ebenso hohes Risiko für den Prinzipal eine Fehlentscheidung zu treffen.[87]

Auch Arbeitszeugnisse spiegeln eine subjektive Meinung, in diesem Falle die des Beurteilenden wieder. Allerdings ist davon auszugehen, dass dessen Interesse, den Agenten möglichst positiv darzustellen, generell geringer ist, als das des Agenten selbst. Entsprechend ist das Risiko entsprechend geringer. Zeugnisse

---

[85] Großmann 2010 , S.92-96.
[86] Fritsch 2005, S. 298.
[87] Großmann 2010 , S.92-96.

können somit dazu beitragen ein realeres Bild von dem Bewerber und seinen Eigenschaften zu zeichnen.

Im Rahmen des Screenings sollten nunmehr nicht nur die durch den Bewerber bereitgestellten Informationen analysiert, sondern zusätzlich weiter Informationen erhoben werden. Dies kann in vorliegendem Beispiel mit Hilfe von Einstellungstest realisiert werden, da diese speziell auf die Anforderungen des Prinzipals ausgerichtet sind. Auch in diesem Fall, hat der Agent die Möglichkeit das Ergebnis zu beeinflussen und mögliche Mängel seiner Eignung zu verbergen, allerdings kann dieses Risiko durch gezielte Auswahlkriterien und Fragestellungen entsprechend verringert werden.

Je detaillierter der Informationsbeschaffungsprozess, desto höher sind auch die damit einhergehenden Kosten, die sich vor allem in finanziellen und zeitlichen Kosten wiederspiegeln. Die Entscheidung für die eingeleiteten Verfahren basiert auf der Risikobereitschaft des Prinzipals hinsichtlich dieser Faktoren.[88]

Während das Screening zur Beseitigung bzw. zur Eindämmung von Prinzipal-Agent-Problemen auf die Initiative des Prinzipals zurückzuführen ist, kann mit Hilfe des Signaling der potenzielle Agent selbst dazu beitragen Informationsdefizite möglichst gering zu halten oder gänzlich zu beseitigen. Der Agent, der an einem Vertrag interessiert ist, kann dem Prinzipal durch seine eigene Initiative zusätzliche Informationen hinsichtlich seiner Eignung als Vertragspartner übermitteln. Dies setzt allerdings voraus, dass der Agent diese Eigenschaften tatsächlich besitzt und sicher derer auch bewusst ist. Der Agent muss weiterhin den für ihn resultierenden Vorteil erkennen und für sich nutzen. Mit Hilfe der Kommunikation positiver Eigenschaften und/oder Qualifikationen hat der potenzielle Agent die Möglichkeit, sich positiv von allen anderen abzuheben und die Entscheidungsfindung des Prinzipals dahingehend zu beeinflussen. Weiterhin verspricht sich der potenzielle Agent, welcher in diesem Zusammenhang den besser informierten Akteur darstellt, dass er durch seine gezielte Beeinflussung und Aussendung der Signale seinen Merkmalen mehr Glaubwürdigkeit verleiht.[89]

---

[88] Fritsch 2005, S. 298f.
[89] Spence 1974a, S. 10, Ricketts 1994, S. 30.

Betrachten wir diesen Sachverhalt anhand des Beispiels einer Fremdfinanzierung, so hat ein Kapitalnehmer (in diesem Fall der potenzielle Agent) ein besonderes Interesse daran, sich möglichst positiv und kreditwürdig darzustellen und seine eigenen Kreditwürdigkeit als besser signalisieren, als die möglicher anderer Kreditnehmer. Der Agent wird daher darauf achten, dass er seine möglichst positive Bonität und eventuelle Gewinne hervorhebt.[90]

Damit derartige Signale des Agenten tatsächlich zur Steigerung der Glaubwürdigkeit der signalisierten Eigenschaften und ihrer Ausprägung führen, müssen diese entsprechend gestaltet sein. Diese Gestaltung führt wiederum zur Entstehung von Kosten. Für das gewählte Beispiel könnte dies ein detaillierter und aufwändig erarbeiteter Businessplan zur Realisierung eines Kredites sein, der die Vorteilhaftigkeit des Investments durch detaillierte Vorarbeit und Recherche aufzuzeigen versucht.

Die Damit einhergehenden Kosten wird der Agent jedoch nicht zwingend als negativ ansehen, sondern vielmehr gerne verursachen, da er sich durch diesen Mehraufwand höhere Chancen bei der Realisierung seines übergeordneten Ziels verspricht und der dadurch zu realisierende Vorteil deutlich höher ausfallen würde, als die kurzfristig anfallenden Kosten.[91]

4.2.2. Self-Selection und Bonding

Mit Hilfe des Prinzips der Self-Selection und des Bondings versuchen die Vertragsparteien bereits vor Vertragsabschluss vertragliche Untersicherheiten bzw. Prinzipal-Agent Probleme zu beheben bzw. das Risiko möglichst gering darzustellen.[92]

Der Begriff der Self-Selection kann in diesem Zusammenhang allerdings unterschiedliche begriffliche Definitionen annehmen und wird in der Literatur sowohl als eine Maßnahme von Seiten des Prinzipals sein oder auch auf Bestreben des

---

[90] Hess/Schumann 1999, S.57.
[91] Großmann 2010, S.100.
[92] Schmid 2011 S.84.

Agenten initiiert werden. Im Folgenden werden Die Self-Selection als eine Maßnahme des Prinzipals zur Risikovermeidung und das Bonding als eine Maßnahme
des Agenten näher betrachtet.

Die Self-Selection oder auch Selbstselektion beinhaltet die Vorgabe verschiedener
Gestaltungsmöglichkeiten sowohl in Bezug auf die Zusammenarbeit selbst als
auch auf die Entlohnung und die eigentliche Vertragsgestaltung durch den Prinzipal. Er offeriert dem Agenten zu diesem Zweck verschiedene Verträge für die
bevorstehende Zusammenarbeit (menu of contracts) und versucht auf Basis der
Entscheidung des Agenten für einen Vertrag, Rückschlüsse auf sein Verhalten
und die Qualität seiner Arbeit zu ziehen. Der Prinzipal hofft in diesem Fall darauf,
dass der Agent sich hinsichtlich seines Verhaltens outen wird und ihm selbst
dadurch negative Tendenzen aufgezeigt werden würden.[93]

Konkret kann ein derartiges Vorgehen durch folgenden Sachverhalt beschrieben
werden: Der Auftraggeber stellt einem potenziellen Agenten aus dem Baugewerbe
einen lukrativen Auftrag in Aussicht und dieser hat auch bereits eine erste Auf-
wandsabschätzung zur Erledigung abgegeben. Der künftige Prinzipal ist sich
hinsichtlich der Qualität des Auftragnehmers jedoch unsicher und befürchtet, dass
der potenzielle Agent den für sich höheren Vorteil sucht.

Für dieses Szenario bereitet der Auftraggeber daher zwei Arten von Verträgen vor:
einen Werkvertrag und einen Dienstvertrag. Während der Werkvertrag einen
Festpreis und somit eine konstante Entlohnung für den Auftragnehmer beinhaltet,
richtet sich die Entlohnung in einem Dienstvertrag nach dem tatsächlichen Aufwand, den der Agent zur Leistungserstellung benötigt. Mit dem Werkvertrag
vereinbaren beide Parteien für eine genau festgelegte Arbeit und ein definiertes
Arbeitsergebnis einen fest vereinbarten Preis. Ein Agent, der befürchtet, dass er
der Aufgabe nicht gewachsen ist, wird diese Form der Vertragsgestaltung scheu-
en, da das zeitliche Risiko in diesem Fall bei ihm liegt.

---

[93] Kiener 1990,S.151f.

Geht man von einem Stundensatz X des Agenten aus und er kann die Erledigung des Auftrages in weniger als der durch ihn veranschlagten Zeit t1 realisieren, so kann er einen tatsächlichen Stundensatz in Höhe von Z > X realisieren und profitiert zusätzlich. Gelingt es dem Agent beispielsweise durch mangelnde Qualifikation nicht, den Auftrag in der durch ihn kalkulierten Zeit t1 zu erledigen und er benötigt länger, so wird seine letztendlich realisierter Stundensatz bei Y < X liegen und er hat ein für sich eher nachteiliges Geschäft gemacht.

Der Agent übernimmt somit das Risiko und entlastet den Prinzipal in dieser Hinsicht. Ein Dienstvertrag hingegen entlohnt den Agenten unter Berücksichtigung des tatsächlichen Aufwandes, wodurch der Prinzipal das Risiko trägt, dass sich seine Kosten erhöhen, ohne dass er dies zwingend zu verschulden hat.

Entscheidet sich der Agent für den Werkvertrag zeigt dieses Verhalten, dass er eher leistungsorientiert ist und er hebt sich durch die Übernahme des zeitlichen Risikos durch die Selbstselektion positiv hervor. Entscheidet er sich hingegen für den Dienstleistungsvertrag, so wird der Auftraggeber diese Wahl innerhalb dieses Szenarios als Bestätigung seiner anfänglichen Befürchtung interpretieren. Dass der Agent den Auftrag unter diesen Umständen erteilt bekommt, ist nicht wahrscheinlich. Mit der Wahl des Werkvertrages realisiert er möglicherweise einen Auftrag, den er andererseits nicht für sich hätte entscheiden können.[94]
Mit Hilfe des Bondings beabsichtigt der Agent, sich dem Auftraggeber gegenüber möglichst positiv darzustellen und sich hierdurch beispielsweise einen Wettbewerbsvorteil gegenüber anderen potenziellen Agenten zu verschaffen. Das kann vor allem dann von Vorteil sein, wenn die Vertragsgestaltung oder der Auftrag für den Agenten noch nicht sicher sind und er sich noch in einer Art Bewerbungsphase befindet.
Der Agent kann sich im Zuge des Bondings mit einer irreversiblen Investition an dem Vorhaben des Prinzipals beteiligen oder aber in Form einer Arbeitsprobe in Vorkasse gehen und somit der Qualität seiner Arbeit Ausdruck verleihen. Das Risiko bzw. die Kosten hierfür liegen zunächst ausschließlich bei dem Agenten,

---

[94] Schmid 2011, S.87.

der sich von dieser Investition eine anschließende Einnahme zu sichern versucht.[95]

Üblich ist dieses Vorgehen unter anderem in Werbeagenturen. Die Agentur
versucht sich durch eine gewisse Vorarbeit in den Vordergrund zu rücken und mit
einer Strategie, die sie von allen anderen Wettbewerbern abgrenzen kann, besonders positiv darzustellen. Der Aufwand für diese erste Strategieentwicklung bleibt
zunächst bei der Agentur selbst, die entsprechend die anfallenden Kosten zu
tragen hat. Gelingt es dem Agenten allerdings so den Auftrag zu sichern und den
Vertrag zu schließen, werden sich, sofern eine entsprechende Entlohnung verhandelt worden ist, die Investitionskosten amortisieren.

Das Bonding sieht weiterhin den Interessenausgleich beider Parteien vor und zielt
entsprechend auch auf eine Teilung des Risikos ab, sofern dies notwendig er-
scheint.
Der Agent beschränkt mittels Bonding seines Handlungsspielraums und akzeptiert
daraus resultierende Verringerungen seines eigenen Vorteils. Er verzichtet somit
darauf, seinen Nutzen zu maximieren und verringert weiterhin opportunistische
Verhaltensweisen. Die daraus resultierenden Kosten in Form der Nutzendifferenz
können entsprechend als Bonding- oder Selbstbindungskosten bezeichnet werden.[96]

4.2.3. Monitoring und Reporting

Das Monitoring und das Reporting eignen sich beide zur Überwachung einer
Prinzipal-Agent-Beziehung und zur Sammlung verschiedener Informationen über
den Leistungserfüllungsprozess durch den Agenten. Beide Arten der Informationsbeschaffung dienen dazu, die Asymmetrie, die sich nachteilig für den Agenten
oder den Prinzipal auswirken könnte, zu verringern oder gänzlich zu beseitigen.[97]

---

[95] Schmid2011, S.86f.
[96] Heinrich 2004 , S.32f.
[97] Oppermann 2008, S.80.

Der Prozess des Monitoring bezeichnet im Allgemeinen die Beobachtung von Verhalten und Aktivitäten unter Berücksichtigung zuvor definierter Kriterien. Hierzu können verschiedene Beobachtungssysteme und technische Hilfsmittel genutzt werden, wobei im Mittelpunkt immer die systematische Erfassung und Beobachtung eines Prozesses oder Verfahrens steht.[98]

Betrachtet man das Verfahren des Monitorings vor dem Hintergrund der Prinzipal-Agent-Problematik näher, so steht die Überwachung der Aktivitäten des Agenten und des von ihm abhängigen Leistungserstellungsprozesses im Vordergrund.
Wie diese Art der Überwachung im Detail gekennzeichnet ist, entscheidet der Prinzipal oder eine von ihm zu diesem Zwecke beauftragte dritte Partei vor dem Hintergrund der Zielstellung.[99]
McCubbins und Schwartz haben bereits 1984 eine Differenzierung des Monitorings hinsichtlich des Zeitpunktes seiner Durchführung vorgenommen. Sie unterscheiden daher in Polizeistreifen-Mechanismus (police-patrol oversight) und Feueralarm-Mechanismus (fire-alarm oversight).[100]

Der Polizeistreifen-Mechanismus stellt eine kontinuierliche Überwachung zu festgelegten Zeitpunkten oder auch innerhalb von Intervallen dar. Die überwachende Instanz ist in diesem Fall der Prinzipal selbst. Er führt in diesem Zusammenhang Kontrollen aktiv durch, die darauf abzielen, die Sicherstellung des Leistungserstellungsprozesses bzw. die Einhaltung des Vertrages zu gewährleisten. Der Feueralarm-Mechanismus bezeichnet hingegen die Kontrolle durch eine dritte Instanz, die beispielsweise durch den Prinzipal beauftragt worden ist. Diese Form ist dadurch jedoch indirekt und eher reaktiv. Die Kontrollinstanz untersucht die betreffenden Prozesse nur punktuell und kann somit auch lediglich Momentaufnahmen fertigen. Nur wenn zu diesem Zeitpunkt die definierten Werte oder Kriterien nicht vorliegen, wird durch den Kontrolleur ein „Alarm" ausgelöst. Daraufhin wird der Prinzipal alarmiert und kann notwendige Maßnahmen definieren und ergreifen.[101]

---

[98] Saam 1998, S.33.
[99] Ripperger 2005, S. 66.
[100] McCubbins/Schwartz 1984, S.165f.
[101] Oppermann 2008, S.80.

Diese Vorgehensweise bedeutet allerdings auch, dass notwendige Maßnahmen mitunter erst eingeleitet werden können, wenn ein Schaden bzw. eine nachteilige Situation behoben werden sollen. Die kontinuierliche Überwachung ermöglicht hingegen die Reaktion, bevor es zu einer negativen Entwicklung für den Prinzipal kommt. Diese engmaschige Kontrolle ist allerdings mit deutlich höheren Kosten verbunden als eine punktuelle Kontrolle. Allerdings kann es auch von Vorteil sein, wenn der Prinzipal erst bei deutlichen Vertragsverstößen alarmiert wird, da ein solches Vorgehen dazu führt, dass der Auftraggeber nur in Ausnahmesituationen zur Handlung gezwungen wird und seine weiteren Ressourcen anderweitig einsetzen kann. Die weitere Koordination und Kontrolle obliegt in diesem Fall der dritten Instanz, wodurch der Prinzipal den Einsatz seiner Ressourcen deutlich effizienter gestalten kann.[102]

In der Konsequenz ergibt sich aus der Überwachung und Kontrolle der Einhaltung der vertraglich vereinbarten Pflichten des Agent durch eine dritte Instanz, eine weitere Prinzipal-Agent-Beziehung, indem der ursprüngliche Auftraggeber einen weiteren Auftrag, nämlich zur Überwachung des Agenten aus der ersten Vertragsbeziehung, erteilt. Diese Konstellation der unterschiedlichen Verträge soll durch die Abbildung 4 verdeutlicht werden.

Die grundlegende Prinzipale-Agent-Beziehung kann daher entsprechend erweitert werden und stellt somit eine mehrstufige Beziehungskonstellation dar. In diesem Zusammenhang kann die Beziehung um weitere Prinzipale oder aber durch weitere Agenten erweitert werden. Diese Problematik zu betrachtet bedarf allerdings der Erweiterung um die Grundlagen der Spieltheorie, die im weiteren Verlauf dieser Arbeit jedoch nicht Gegenstand der Betrachtungen sein sollen.[103]

---

[102] Przeworski 1999, S.29.
[103] Schaefer/Lange 2004, S.118.

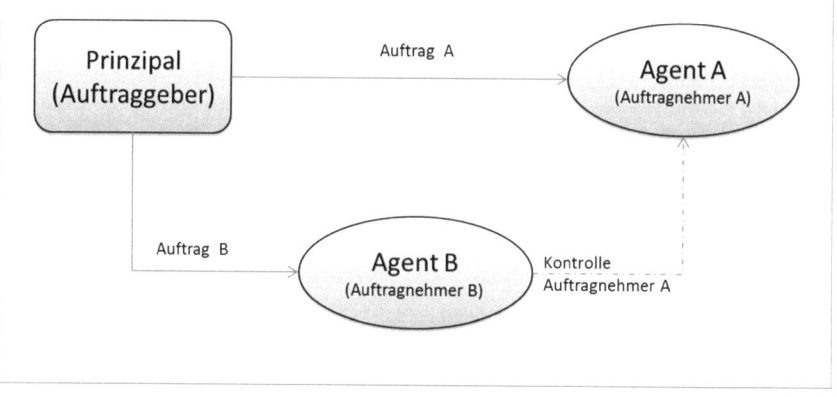

Abbildung 6: Mehrstufige Prinzipal-Agent-Beziehung

(Quelle: eigene Darstellung)

Die Zusammenfassung der Ergebnisse des Monitorings kann mit Hilfe des Report-ings/Berichterstattung erfolgen. Der Auftraggeber definiert zu diesem Zweck die Kriterien oder Kennzahlen, deren Erfassung und Kommunikation für ihn von Bedeutung sind. Des Weiteren legt er fest, innerhalb welcher Intervalle oder zu welchen Zeitpunkten diese Kennzahlen in einem Report zusammengefasst und an ihn übermittelt werden sollen. Die anschließende Analyse ermöglicht die Einschät-zung des Status Quo und ggf. die Identifizierung von Handlungsbedarf.

Reports können daher sowohl durch den Agenten selbst, unter Berücksichtigung der Belange des Prinzipals, erstellt werden als auch durch eine mögliche dritte Partei.[104]

Die Gefahr der Manipulation der enthaltenen Daten ist bei dem Reporting durch den Auftragnehmer selbst jedoch ungleich höher als bei der Erhebung der rele-vanten Kennzahlen durch eine unparteiische Instanz. Dies würde weiterhin bedeuten, dass letztere glaubwürdiger sein dürften. Eine Gefahr einer bereits beschriebenen mehrstufigen Prinzipal-Agent-Beziehung besteht jedoch darin,

---

[104] Thoms 2014, S.66f.

dass beide Agenten zusammenarbeiten, um den Prinzipal zu täuschen und sich dadurch Vorteile zu verschaffen.[105]

Aus der Überwachung bzw. Kontrolle des Prinzipals und die damit einhergehenden Informationsbeschaffung entstehen auch dem Prinzipal Kosten, die sowohl zeitlicher als auch finanzieller Natur sein können. Des Weiteren müssen die beschafften Informationen entsprechend analysiert und ausgewertet werden und ggf. Handlungsbeschränkungen formuliert und realisiert werden. Alle entstehenden Kosten können entsprechend als Monitoring- oder Kontrollkosten bezeichnet werden. Diese sind bereits bei der Budgetierung für die gesamte Vertragsbeziehung einzukalkulieren.[106]

4.3. Bedeutung von Vertrauen in der Prinzipal-Agent Theorie

Neben allen Möglichkeiten der Informationsbeschaffung und Risikobeseitigung ist in jeder Prinzipal-Agent-Beziehung immer auch ein gewisses Maß von Vertrauen der Vertragsparteien untereinander von Bedeutung. Dies kann je nach Vertragsbeziehung mehr oder weniger von Bedeutung sein, sollte aber grundsätzlich immer vorhanden sein. In diesem Zusammenhang wird allerdings die Schwierigkeit deutlich, dass eine eindeutige und einheitliche Definition des Begriffes Vertrauen nicht gegeben werden kann. Diese Problematik hat bereits eine Vielzahl von Autoren beschäftigt und entsprechend vor Herausforderungen gestellt. Ergebnis dieser Bemühungen und Überlegungen sind unzählige Definitionen des Vertrauensbegriffs unter Berücksichtigung verschiedener Komponenten und Begrifflichkeiten.[107]

Eine treffende und zunächst eher allgemeine Definition lieferte Mellinger bereits im Jahr 1956 in seinem Werk „Interpersonal Trust", indem er Vertrauen als das „gezeigte oder angegebene Zutrauen in die Absichten und Motive anderer Menschen bezeichnet. (Petermann 1996, S.54) Im Hinblick auf Prinzipal-Agent-

---

[105] Kiener 1990, S.142.
[106] Heinrich 2004, S.33.
[107] Fladnitzer 2006, S.10f.

Beziehungen „manifestiert sich [Vertrauen] im weitgehenden Verzicht auf explizite Kontroll- und Sicherungsmaßnahmen [des Prinzipals] zum Schutz gegen opportunistisches Verhalten" des Agenten.[108] Vertraut der Prinzipal dem Auftragnehmer, geht er davon aus, dass dieser den vorliegenden Informationsvorsprung nicht zum Nachteil des Prinzipals ausnutzt. Aufgrund eines bestehenden Vertrauensverhältnisses zwischen den Akteuren verzichtet der Prinzipal auf weitergehende Kontroll- und Steuerungsmechanismen bzw. das Vertrauen selbst stellt einen Steuerungsmechanismus innerhalb dieser Vertragsbeziehung dar.[109]

Vertrauen wird aufgrund der nicht eindeutig verifizierbaren Definitionen auch als ein Phänomen bezeichnet, wovon im Folgenden auch auszugehen ist. Vertrauen ist somit weiterhin ein Phänomen, welches nur dann beobachtet werden kann, wenn zwischen mindestens zwei Akteuren eine Beziehung besteht. Die Art dieser Beziehung ist diesbezüglich nicht zwingend relevant. Ein Vertrauensverhältnis besteht immer nur dann, wenn dies durch einen der Beteiligten angeboten und durch den zweiten Akteur angenommen wird. Das Vertrauensverhältnis kann somit als ein impliziter Vertrag zwischen Vertrauensgeber und einem Vertrauensnehmer angesehen werden.

In Bezug auf die Prinzipal-Agent-Theorie nimmt der Prinzipal die Position des Vertrauensgebers ein, während der Agent die Rolle des Vertrauensnehmers vertritt. Der Prinzipal steht somit vor der Entscheidung, ob er dem Agent vertrauen will. Er ist daher angehalten sich zu entscheiden, ob in die bevorstehende oder bereits bestehende Beziehung Vertrauen investieren will oder ob er möglicherweise doch darauf verzichtet. Entscheidet sich der Prinzipal für diese Investition, so obliegt die weitere Entscheidung dem Agenten. Dieser hat ferner die Möglichkeit, das ihm entgegengebrachte Vertrauen anzunehmen oder aber abzulehnen. Er muss sich somit entscheiden, ob er das Vertrauen des Prinzipals erfüllen oder aber enttäuschen will. Auf Basis dieser Entscheidung gründet sich das resultierende Verhalten beider Akteure.[110]

---

[108] Ripperger 2003, S.71.
[109] Ripperger 2003, S.68.
[110] Ripperger 2003, S.73.

Das Vertrauen stellt daher einen Steuerungsmechanismus innerhalb von Prinzi-pal-Agent-Beziehungen dar, der von wesentlicher Bedeutung für deren Verlauf sein kann. Zudem können mit Hilfe von Vertrauen die Agenturkosten wesentlich beeinflusst werden, indem es zum Verzicht auf Kontroll- und Überwachungsme-chanismen führt. Vertrauen kann allerdings nur dann konzipiert werden, wenn ein Informations- bzw. Kommunikationssystem besteht, welche eine derart positive Beziehung begünstigten.

In Zusammenhang mit der Prinzipal-Agent-Theorie, wird Vertrauen beispielsweise durch ein positive Reputation des Agenten hervorgerufen. Der gute Ruf eines Auftragnehmers ist eines der wertvollsten Güter, über die er verfügt, Der Prinzipal hätte die Möglichkeit, diesen bei minderwertiger Qualität der Leistung des Agenten nachhaltig und massiv zu beschädigen.[111]

Bezogen auf die Adverse Selection Problematik, können durch den Vertrauensas-pekt Wechselwirkungen zwischen Vertrauen und dem Signaling bzw. Screening realisiert werden, Je mehr positive Informationen der jeweilige Akteur durch Screening oder Signaling über den Anderen erhält, desto eher kann ein Vertrau-enszuwachs verzeichnet werden.
Das erhöhte Vertrauen innerhalb dieser Vertragsbeziehung führt wiederum zum Verzicht derartiger Informationssysteme und weiterhin zur Senkung der dadurch verursachten Kosten. Hold Up Probleme, bei denen ein Abhängigkeitsverhältnis besteht und zusätzlich negative Aspekte hinsichtlich der Zusammenarbeit bekannt sind, können häufig ausschließlich durch Vertrauen in die andere Vertragspartei überwunden werden. Innerhalb von Moral Hazard Situationen spielt Vertrauen hingegen eher eine untergeordnete Rolle.[112]

Der Einsatz von Vertrauen kann somit durchaus vorteilhaft sein und weiterhin zur Generierung weiterführender Chancen sein. Allerdings gehen potenzielle Chancen häufig mit Risikofaktoren einher. In diesem Zusammenhang besteht das Risiko des Vertrauensmissbrauchs durch den Agenten, der nicht bereit ist auf opportunis-tisches Verhalten zu Verzichten und lediglich bestrebt ist seinen eigenen Nutzen

---

[111] Picot 1989, S.374.
[112] Picot 1998, S.374f.; Ripperger 2003, S.68f.

zu maximieren. Dies würde für den Prinzipal den Verlust der eingesetzten Ressourcen nach sich ziehen.

Eine Verschlechterung der für den Prinzipal wahrnehmbaren Ergebnisse der Arbeit des Agenten führt daher nahezu unweigerlich zu Misstrauen auf Seiten des Prinzipals. Dadurch wäre dieser wiederum dazu geneigt, zusätzlich Kontrollmechanismen einzuführen, wodurch das Vertrauensverhältnis der Akteure zueinander beschädigt werden würde. Ein derartiges Phänomen würde auch dann beobachtet werden können, wenn innerhalb einer Hold Up Situation bisher auf Überwachungssysteme verzichtet worden ist und der Prinzipal nunmehr grundlos Sicherungsgüter von dem Agenten verlangt. Durch dieses Vorgehen entsteht Misstrauen auf beiden Seiten der Vertragsbeziehung, was zur Entstehung einer Misstrauensspirale führt.

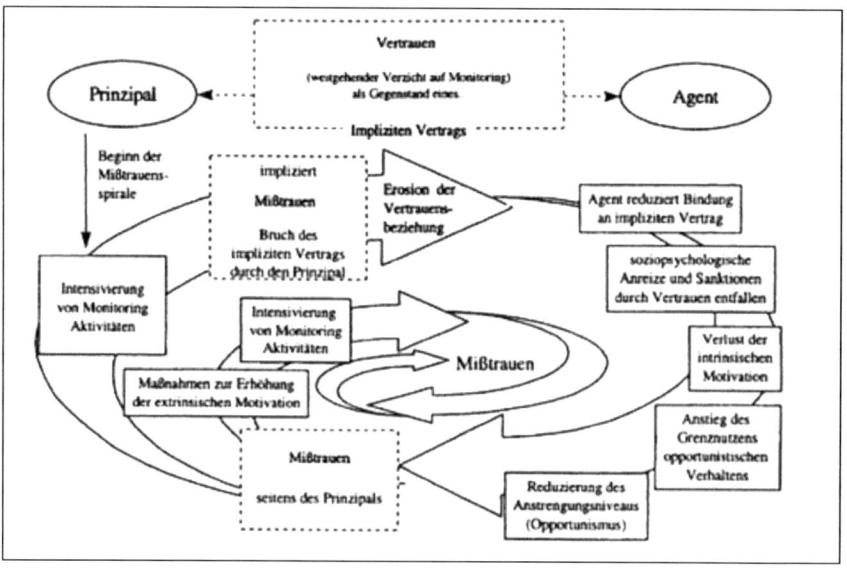

Abbildung 7: Misstrauensspirale

Quelle: Ripperberger 2003, S.70

Die Abbildung 5 verdeutlicht den Prozess der Entstehung und Vergrößerung des Misstrauens anhand erweiterter Monitoring-Aktivitäten des Prinzipals. Durch die

Erhöhung der Überwachung des Agenten und seines Verhaltens wird der implizite Vertrag hinsichtlich des gegenseitigen Vertrauen gebrochen und führt bei dem Agenten zur Verringerung der intrinsischen Motivation. Diese wiederum bedingt die Erweiterung des opportunistischen Verhaltens des Agenten.

Wird diese Entwicklung durch den Prinzipal erkannt führt sie zur Erhöhung seines Misstrauens gegenüber dem Agenten, weshalb er zur Erweiterung der Überwachungsmechanismen greifen wird, was weiterhin ein entsprechend negatives Signal an den Agenten aussenden wird.
Die Erweiterung der Kontrollmechanismen sollte daher nur mit Bedacht vorgenommen werden und entsprechend vorsichtig an den Agenten kommuniziert werden, um eine derartige negative Entwicklung zu vermeiden.[113]

4.4. Anreizsysteme und Vertragsgestaltung

Um die Risiken des opportunistischen Verhaltens des Agenten zu minimieren gilt es geeignete Anreize zu schaffen, dass er seine eigenen Interessen denen der Einhaltung des Agenturvertrages hinten anzustellen. Hierzu ist die Formulierung eines entsprechenden Vertragswerkes unerlässlich und von essentieller Bedeutung.

Ausgangspunkt stellt die Grundprämisse der Ökonomie dar, die besagt, dass Wirtschaftssubjekte auf Anreize reagieren und entsprechende Reaktionen hervorgerufen werden. In diesem Zusammenhang gilt weiterhin die Annahme, dass eine Reaktion umso stärker ist, je größer der ihr zugrundeliegende Anreiz. Weiterhin führen falsche Anreize unerwünschtes Verhalten, weshalb darauf abgezielt werden sollte, diese möglichst zu vermeiden.[114] Ziel der Anwendung von Anreizsystemen ist es daher einen Interessensausgleich der beteiligten Vertrags-

---

[113] Ripperger S.70f.
[114] Merk/Seel 2014, S.63.

partner zu realisieren und weiterhin eine Übereinstimmung der angestrebten Ziele zu bewirken.[115]

Den Begriff des Anreizsystems definieren Scherm und Süß als „die Summe aller im Wirkungsverbund bewusst gestalteten und aufeinander abgestimmten Stimuli (Anreize), die bestimmte Verhaltensweisen auslösen oder verstärken sollen. Zu diesem Zwecke müssen zunächst jedoch die Motive der Akteure bekannt sein, um Anreize so zu wählen, dass das gewünschte Verhalten hervorgerufen wird. Innerhalb der Prinzipal-Agent-Theorie gilt hinsichtlich des Verhaltens der Auftrag-nehmer die Annahme, dass dieser risikoavers ist und somit immer versuchen wird, risikoreiche Handlungen zu vermeiden. Weiterhin wird einem Agenten immer Opportunismus unterstellt. Agenten sind demnach immer bestrebt mit Hilfe ihres Verhaltens ihre eigenen Interessen zu realisieren und somit ihren eigenen Nutzen zu maximieren. Diese grundlegenden Annahmen bergen in Kombination mit den aus dem Agenturvertrag resultierenden, weitreichenden Verfügungsrechten und dem vorausgesetzten Wissensvorsprung des Agenten ein gewisses Risiko.[116]

Opportunistische Bestrebungen des Agenten werden häufig bereits während der Vertragsverhandlungen deutlich, wodurch es dem Prinzipal möglich ist, bereits vor Vertragsschluss darauf zu reagieren und entweder entsprechende Vorsichtsmaß-nahmen implementiert oder aber gänzlich auf die Vertragsbeziehung verzichtet, sofern er das Risiko als unverhältnismäßig hoch erachtet.[117]

Hinsichtlich der Formulierung eines geeigneten Anreizsystems ist jedoch zwin-gend zu berücksichtigen, dass Anreize sowohl positiven als auch negativen Charakter haben können. Da sie die direkte Verhaltenssteuerung des Vertrags-partners nach sich ziehen sollen, ist es zuvor erforderlich, alle möglichen Konse-quenzen der gesetzten Anreize zu identifizieren und zu definieren. Je besser die Informationen diesbezüglich, desto besser lässt sich das Verhalten abschätzen und die Eignung der Anreize zur Zielerreichung feststellen.

---

[115] Bültel 2009, S.55.
[116] Bültel 2009, S.54f.
[117] Runge 2000, S.103.

Zudem ist darauf zu achten, dass die Implementierung eines Anreizsystems Kosten verursacht. Aus diesem Grund ist der Nutzenzuwachs, der mit Hilfe des Anreizsystems generiert werden soll eindeutig zu beziffern, damit festgestellt werden kann, ob dieser die Kosten für den Einsatz verschiedener Anreize übersteigt. Nur wenn diesbezüglich ein positives Resultat zu verzeichnen ist, können sich diese als lohnend herausstellen.[118]

Das Ziel des Prinzipals sollte es daher sein, den Agenturvertrag so zu gestalten und mit entsprechenden Boni versehen, dass dieser eine anreizoptimierende Wirkung beim Agenten erzielt.

Nach Stiglitz ist die Schlüsselfrage in einer Prinzipal-Agent-Beziehung die Höhe der Vergütung, die der Agent zu empfangen hat und welche Parameter oder Variablen die Vergütung berücksichtigen sollte. Die Ebene der Vergütung kann nur bis zur Variablen und des beobachtbaren Auftraggebers gehen.

Dieses sollte daher folgende Funktionen beinhalten:[119]

(1) Attraktivität (Die Vergütung sollte attraktiv sein, um den Auftragnehmer dazu zu ermutigen in seinem Namen richtig zu handeln)

(2) Motivierend (Die Vergütung soll den Agenten motivieren, sich zu engagieren und im Interesse des Auftraggebers zu handeln)

(3) Risikoteilend (Wenn das Risiko nur auf der Seite des Agenten ist, wird dieser den Auftrag voraussichtlich nicht annehmen. Liegt das Risiko hingegen ausschließlich beim Auftraggeber, besteht für den Agenten kein Anreiz, den Auftrag bestmöglich auszuführen.

Grundsätzlich ist davon auszugehen, dass der Agent immer dann im Sinne des Prinzipals handeln wird, wenn seine Entlohnung für die Ausführung des Auftrages eine Beteiligung am Endergebnis beinhaltet. Je besser das Endergebnis ausfällt, desto höher wird seine Entlohnung sein. In diesem Zusammenhang ist allerdings der Grenznutzen zu beachten. Weiterhin werden häufig nicht nur positiver Anreize (Belohnungen) formuliert sondern zusätzlich Sanktionsmechanismen in den Agenturvertrag integriert. Diese können sowohl in Form von Entschädigungen als auch als Bestrafungen formuliert werden. Definierte Strafen haben eher einen

---

[118] Saam 2002, S. 31f.
[119] Stiglitz, 1989, S.245.

vorbeugenden Charakter und sollen dazu beitragen schädliches bzw. unerwünschtes Verhalten zu vermeiden. Entschädigungen hingegen sollen den Verlust
des Prinzipals vermindert, wenn die Auftragsausführung nicht vertragskonform
realisiert wurde.[120]

Hierzu muss die Höhe des Ertrages und des angestrebten Zieles eindeutig definiert sein. Zudem müssen auch alle Variablen bekannt sein, die Einfluss auf das
Endergebnis haben können. In diesem Zusammenhang muss zwingend unterschieden werden, ob es sich um Variablen handelt, die durch den Agenten beeinflusst werden können oder die nicht innerhalb seines Einfluss- bzw. Verantwortungsbereiches liegen. Letztere sind Umwelteinflüsse, deren Entwicklung der
Agent nicht zu verschulden hat. Entsprechend darf deren Eintreten und damit
verbundene negative Auswirkungen auf die Qualität der Arbeit des Agenten nicht
sanktioniert werden.[121]

In der Praxis werden entsprechende Anreize häufig mit Hilfe von Provisionen und
Boni geschaffen. Des Weiteren wird häufig die Pflicht zur Nachbesserung oder die
Formulierung verschiedener Annahmekriterien praktiziert.[122]

---

[120] Opitz 2000, S.51f.
[121] Saam 2002, S.31.
[122] Opitz 2000, S.52.

5. Budgetierung als Anwendungsgebiet der Prinzipal-Agent Theorie

5.1. Grundlagen

Im Folgenden Abschnitt soll der Prozess der Budgetierung als Anreizsysteme innerhalb von Prinzipal-Agent-Beziehungen untersucht und entsprechender der verschiedenen Herangehensweisen erläutert und Bewertet werden. Hierzu ist jedoch zunächst einen einheitliche Begriffsdefinition zu schaffen, anhand derer die weiteren Funktionen der Budgetierung und resultierende Probleme näher betrachtet werden sollen. Im Anschluss werden konkrete Lösungsmodelle vorgestellt und hinsichtlich ihrer Eignung bewertet.

5.1.1. Begriffsabgrenzung

In nahezu allen wissenschaftlichen Bereichen sind häufig verschiedene Definitionen für einzelne Bereiche und Probleme vorhanden, die je nach Autor variieren können. Eine allgemeingültige Definition zu schaffen ist daher eher unwahrscheinlich. Dennoch soll für das weitere Vorgehen innerhalb dieser Arbeit ein Begriffsverständnis hinsichtlich der Budgetierung geschaffen werden, welches sich mit verschiedenen Ansatzpunkten deckt und deren Gemeinsamkeiten wiederspiegeln.

In diesem Zusammenhang sei zunächst Wilds Definition aus dem Jahr 1982 zu erwähnen. Wild nimmt eine konsequente und klare Trennung der Begriffe Planung und Budgetierung vor. Während er die Planung als *„systematisches Durchdenken und Festlegen von Zielen, Maßnahmen, Mitteln und Wegen zur zukünftigen Zielerreichung"*[123] darstellt, sieht er die Budgetierung als Transfer der Planungsergebnisse in konkrete Zielvorgaben für die Organisation und deren einzelne Organisationseinheiten.

Demnach ist der gesamte Planungsprozess nicht synonym zur Budgetierung zu verwenden, sondern stellt die Grundlage für die Budgetierung dar. Daraus resultiert weiterhin, dass die Budgetierung nicht nur die Festlegung des zur Verfügung stehenden/zu realisierenden Budgets beinhaltet, sondern zusätzlich zur Aufstel-

---

[123] Wild, 1982, S.83.

lung auch den Prozess der Verabschiedung und Kontrolle des Budgets und seiner Einhaltung umfasst.[124]

Die Budgetierung kann daher als Prozess verstanden werden, der die Aufstellung, Vorgabe und Kontrolle von Budgets (Zielvorgaben) beinhaltet. Bei dem Budget als solches handelt es sich um einen Plan, der die wertmäßig festgelegten Zielgrößen beinhaltet, die für einen definierten Zeitraum und mit einem festgelegten Verbindlichkeitsgrad formuliert worden sind. Die zeitliche Einordnung erfolgt häufig jährlich, monatlich oder auch quartalsweise.

Die Größen auf die sich die Budgetierung bezieht, können sehr unterschiedlich sein, weshalb eine Vielzahl an Budgets innerhalb eines Unternehmens existieren kann. Häufig gibt es ein festgelegtes Masterbudget. Dessen Realisierung stellt dann die oberste Priorität dar, wobei untergeordnete Budgets ebenfalls Berücksichtigung finden und für den Erfolg der Unternehmung relevant sind.[125]

Konkret kann diese für ein Unternehmen bedeuten, dass das oberste Ziel darin besteht ein festgelegtes Ertragsbudget zu realisieren. Um eben dieses erreichen zu können, ist die Realisierung und Einhaltung verschiedener Budgets durch unterschiedliche Abteilungen notwendig. Während der Vertriebsbereich daher an die Realisierung eines festgelegten Umsatzbudgets gebunden ist, liegt das Ziel des Einkaufsbereiches dieses Unternehmens darin, die Kosten gering zu halten und das Budget für die Beschaffung einzuhalten. Jeder Bereich verfolgt ´die Einhaltung eigener Budgets, die wiederum zur Realisierung des übergeordneten Budgets beitragen.[126]

Der Budgetierungsprozess als solches kann weiterhin in verschiedene Phasen unterteilt werden. Auch diesbezüglich sind in der Literatur verschiedene Auffassungen zu finden, wobei im Folgen die Phasen nach Wömpener 2008 näher beschrieben werden sollen.

---

[124] Wild 1982, S.83.
[125] Ewert, R./Wagenhofer, A. 2014, S. 400f.
[126] Wömpener 2008, S.23ff.

Dieses Phasenmodell beinhaltet sechs Phasen:

1. Planungsphase
2. Kommunikationsphase
3. Handlungsphase
4. Kontrollphase
5. Bewertungsphase
6. Steuerungsphase

Innerhalb der Planungsphase steht der eigentliche Budgeterstellungsprozess im Vordergrund. Es werden somit die eigentlichen Bestandteile bzw. Bezugsgrößen des Budgets festgelegt, die die organisatorische Einheit des betreffenden Budgets beinhaltet, sowie die Eigentliche Zielgröße und deren zu realisierende Höhe. Des Weiteren werden der Verbindlichkeitsgrad und die weiterführenden Konsequenzen definiert. Die zweite Phase dient der Kommunikation des festgesetzten Budgets. Es werden also die Instanzen darüber informiert, die für die Umsetzung bzw. Zielerreichung verantwortlich sind. Innerhalb der Handlungsphase steht die Umsetzung durch verschiedene Handlungen und Maßnahmen im Vordergrund, wobei die Zuständigkeit wieder bei der betreffenden Abteilung angesiedelt ist.

Die Kontrollphase hingegen erfordert zusätzlich Handlungen der Übergeordneten Instanz, da Daten erhoben werden müssen, anhand derer Auswertungen vorgenommen werden können, die Aussagen hinsichtlich Erfüllung der definierten ermöglichen. Diese Aussagen werden innerhalb der Bewertungsphase mit Hilfe von Soll-Ist-Vergleichen oder Abweichungsanalysen getroffen.in der sich anschließenden letzten Phase, der Steuerungsphase, werden die aus der Bewertungsphase vorliegenden Ergebnis als Aufgangspunkt für Maßnahmen genutzt, die als Reaktion dessen angesehen werden können. Je nach Umsetzung des Budgetziels muss entsprechend interveniert werden. Entsprechend werden weitere Maßnahmen und Handlungsanweisungen entwickelt, die die Umsetzung des Budgets anstreben. Dies kann weiterhin die Umsetzung von Sanktionen oder auch Belohnungen zur Folge haben.[127]

---

[127] Wömpener 2008, S.23ff.

5.1.2. Chancen und Risiken der Budgetierung

Im Zuge der Phaseneinteilung können der Budgetierung auch bereits verschiedene Funktionen und die resultierenden Chancen zugeordnet werden. Die Budgetierung verfolgt sowohl operative als auch strategische Ziele und erfüllt entsprechende Funktionen. Innerhalb der operativen Budgetierung wird die mengen- und
wertmäßige Entwicklung der Unternehmung fokussiert, wobei die Planungsperiode
die zeitliche Bezugsgröße darstellt. Die strategische Budgetierung hingegen ist
eher die langfristige Ausrichtung fokussiert, die sich wesentlich auf die gesamte
Unternehmensstrategie auswirkt.

Ein wesentliches Ziel der Budgetierung besteht darin, eine Einschätzung der
zahlungsmäßigen Entwicklung der geplanten Maßnahmen vorzunehmen und
somit auch wesentliche Aspekte der Finanzplanung zu berücksichtigen. Zudem
kann durch die Definition der angestrebten Zielsetzungen die Funktion der Zu-
kunftsorientierung abgeleitet werden.

Die Budgetierung ist richtungsweisend für die künftige Entwicklung der Organisation oder der einzelnen Abteilung. Weiterhin erfüllt die Budgetierung eine Koordinationsfunktion, da alle Aktivitäten, die zur Zielerreichung durch die strategische
Planung und Umsetzung des Budgets miteinander in Einklang gebracht werden.[128]

Die Koordinationsfunktion kann nach Wömpener (2008) in weitere Funktionen
differenziert werden. Die Prognosefunktion hinsichtlich ihrer Planung für die
künftige Entwicklung wurde bereits erläutert. Die Kodierungsfunktion spiegelt sich
in der Formulierung der monetären Zielgrößen wieder, wobei die geplanten
Maßnahmen in Form von monetären Größen ausdrücken lassen. Die Allokation
besteht zudem darin, dass sich die zur Verfügung stehenden Ressourcen den
jeweiligen Zielen zuordnen lassen.[129]

Weiterhin können mit Hilfe von Budgets Engpässe und Problembereiche der
Organisation identifiziert werden. Diese fördern weiterhin die gezielte Ableitung

---

[128] Ewert, R./Wagenhofer, A. 2014, S.402.
[129] Wömpener 2008, S.17.

konkreter Maßnahmen zur Steuerung der Unternehmensaktivitäten. Zudem wird durch die Budgetierung die Kommunikation zwischen den einzelnen Organisationseinheiten gefördert, da durch die Kontrolle häufige Feedbackschleifen notwendig sind und ein stetiger Austausch gefördert wird.[130]

Die realisierte Kontrollfunktion ermöglicht die Soll-Ist-Vergleiche und Abweichungsanalysen. Zudem wird der Budgetierung aber auch eine negative Wirkung hinsichtlich der resultierenden Handlungen der Akteure zugeschrieben. Kritiker von Budgets vertreten die Auffassung, dass diese kurzfristiges Handeln der beteiligten Personen hervorrufen, die ihr Handeln auf den zeitlichen Bezugsrahmen des Budgets ausrichten. Auch besteht die Gefahr, dass die Budgetvorgaben und deren permanente Kontrolle zu einem Leistungsdruck auf Seiten der Budgetnehmer führt, der weiterhin kontraproduktives Verhalten fördert. Folgen könnten sich durch die Manipulation verschiedener Kennzahlen ergeben. Dies könnte zum Beispiel zur Verschwendung zur Verfügung gestellter Ressourcen führen, wenn die Einsparung besagter Ressourcen dazu führt, dass das Budget für die nächste Periode entsprechend nach unten korrigiert wird, was sich nachteilig auf die Entscheidungsfreiheit der handelnden Person auswirkt.[131]

Ein häufiges Beispiel aus der Praxis stellt das Personalkostenbudget dar. Ein Abteilungsleiter bekommt für das bevorstehende Geschäftsjahr ein Budget in Höhe von X zur Verfügung gestellt. Durch die Definition der damit verbundenen Verbindlichkeiten für den Verantwortlichen, ist dieser bestrebt auf die Einhaltung des Personalkostenbudgets zu achten. Das grundlegende betriebswirtschaftliche Handeln von Wirtschaftssubjekten ist jedoch darauf ausgerichtet, Kosten möglichst zu reduzieren. Das wiederum führt dazu, dass der Abteilungsleiter im besten Fall bestrebt nicht nur ein Interesse daran haben sollte, das Personalkostenbudget einzuhalten, sondern weiterhin zu unterschreiten und Kosten einzusparen. In der Praxis führt ein derartiges Verhalten aber zu Budgetkürzungen für künftige Perioden, was den Verantwortlichen dazu zwingt künftig mit verringerten Ressourcen auszukommen. Der Verantwortliche wird somit zwar bestrebt sein, das Budget

---

[130] Ewert, R./Wagenhofer, A. 2014, S.411.
[131] Schwering, 2015, S.20.

einzuhalten, wird aber zusätzlich vermeiden, dieses zu unterschreiten, selbst wenn dies möglich und sinnvoll wäre.[132]

Weiterhin sind Budgets an vorgegebene zeitliche Rahmen gekoppelt, die zum Teil relativ lang sein können. Ist ein Budget beispielsweise für ein Jahr festgesetzt und bewilligt, so ist die Flexibilität während des Zeitraumes diesbezüglich eher unflexibel. Auf geänderte Umweltfaktoren, die nicht vorhersehbar und damit nicht kalkulierbar waren, kann daher nur bedingt oder gar nicht Rücksicht genommen werden. Zu große Intervalle beschränken daher das Reaktionsvermögen der Verantwortlichen mitunter so stark ein, dass dies negative Konsequenzen für den übergeordneten Unternehmenszweck haben kann.[133]

5.1.3. Auswirkungen von asymmetrischer Informationsverteilung und Interessenkonflikten auf das Budget

Im Zuge der Budgetplanung können verschiedene Verfahren Anwendung finden, die sich hinsichtlich ihrer Partizipation unterscheiden. Ausgangspunkt ist jedoch immer, dass das Budget letztlich durch die Geschäftsleitung (Prinzipal) verabschiedet und dadurch verbindlich wird. Die Unterscheidung Verschiedener Techniken zur Erstellung des Budgets anhand der Partizipation untergeordneter Organisationseinheiten (Agent) erfordert es, dass Informationsasymmetrien und bestehende Interessenkonflikte diesbezüglich berücksichtig werden.[134]
Zudem sind im Rahmen der Budgetierung immer mindestens zwei Instanz involviert: der Budgetgeber und der Budgetnehmer. Der Budgetgeber ist die übergeordnete Instanz und verfügt über die Kompetenz das Budget verbindlich festzulegen. Der Budgetnehmer hingegen steht in einem Abhängigkeitsverhältnis zum Budgetgeber und stellt die untergeordnete Instanz dar. Bezogen auf eine Unternehmung ist der Budgetgeber die Unternehmensleitung und ein Budgetnehmer wird durch einen Abteilungsleiter bzw. die gesamte Abteilung verkörpert.[135]

---

[132] Schwering, 2015, S.23.
[133] Ewert/Wagenhofer 2014, S.413.
[134] Küpper/Wagenhofer 1995, S.43.
[135] Wömpener 2008, S.13.

Betrachtet man nun zunächst die retrograde Budgetierung, die auch als Top-Down-Budgetierung bezeichnet wird, kann man feststellen, dass es sich in diesem Zusammenhang um eine zentralisierte Form der Budgetierung handelt. Die übergeordnete Instanz in Form der Unternehmensleitung verfügt über vollständige bzw. umfassende Informationen, die hinsichtlich der künftigen Entwicklung der Zielgröße relevant sind.

Auf Basis dieser Wissengrundlage definiert der Budgetgeber das für den Budget-nehmer verbindliche Budget für die Zielgröße X, kommuniziert dieses entspre-chend an den Budgetnehmer und dieser wiederum ist aufgrund der bestehenden Verträge zu dessen Einhaltung/Realisierung angehalten. In den Prozess der Budgetplanung wird die untergeordnete Instanz in Form des Agenten nicht einbe-zogen und hat entsprechend keinen Einfluss auf die für ihn relevante Zielgröße. Demgegenüber steht der Prozess der progressiven Budgetierung (Bottom-Up-Budgetierung). Diese bindet die untergeordnete Einheit in höchstem Maße in den Budgetierungsprozess ein, in dem diese die Budgets für ihre Einheit eigenständig festlegen und an die Unternehmensleitung kommunizieren. Diese fasst anschlie-ßend die Budgets der einzelnen Abteilungen bezogen auf die jeweilige Zielgröße für das gesamte Unternehmen zusammen. Die Abteilungen nutzen die ihnen vorliegende Wissensbasis, um das Budget entsprechend zu definieren. Aus-gangspunkt stellt in diesem Zusammenhang die Annahme dar, dass die Abteilung selbst über mehr relevante Informationen verfügt, als die Unternehmensleitung. Diese fungiert innerhalb dieses Budgetierungsprozesses weniger als Entscheider, sondern vielmehr als Koordinator. Die Partizipation ist innerhalb dieser Verfahren maximal.[136]

In beiden Verfahren wird die Budgetierung durch die Instanz vorgenommen, die über den höheren Informationsgrad verfügt. Das wesentliche Unterscheidungs-merkmal beruht somit auf dem Prinzip vorliegender Informationsasymmetrien.[137]

Ein Informationsaustausch ist bei diesen beiden Verfahren allerdings nicht vorge-sehen. Damit gehen unter Umständen Synergien verloren, die mittels eines

---

[136] Weber 2004, S.323.
[137] Ewert/Wagenhofer 2014, S.403.

Austausches beider Instanzen realisiert werden könnten. Zudem besteht das Risiko, dass Interessenskonflikte der Instanzen das Budget entsprechend zu deren eigenem Vorteil aber zum Nachteil des Anderen beeinflussen. Die Unternehmensspitze wird beispielsweise versuchen, auch wenn unvollständige Informationen vorliegen, ein möglichst hohes Umsatzbudget und geringe Kostenbudgets zu verabschieden, um dadurch den erwarteten Gewinn zu maximieren. Ein Abteilungsleiter wird eher bestrebt sein, das Budget für die ihm zur Verfügung stehenden Ressourcen möglichst hoch, die zu realisierenden Verpflichtungen hingegen jedoch möglichst niedrig anzusetzen, um negative Konsequenzen für ihn bzw. seine Abteilung zu vermeiden.

Ein weiteres Verfahren zur Budgetfestsetzung stellt aus diesem Grund das Gegenstromverfahren dar. Dieses basiert auf dem stufenweisen Austausch der beteiligten Instanzen und ermöglicht so eine gemeinsame Budgetfestlegung bei maximaler Information über die relevanten Daten. Somit leistet jede Ebene einen Beitrag zur Budgetfestsetzung.[138]

In der Praxis dieser Prozess durch die übergeordnete Instanz angestoßen, die weiterhin Leitlinien und Grundsätze vorgibt und somit die Rahmenbedingungen definiert. Diese werden an die untergeordnete Einheit kommuniziert, die anschließend das Budget festsetzt bzw. diesbezüglich eine Art Empfehlung bzw. einen Vorschlag an die Leitung abgibt. Die Unternehmensleitung prüft daraufhin die entsprechenden Daten und nimmt ggf. Anpassungen vor. Dieser Prozess kann mehrmals erfolgen, je nachdem wie hoch die Partizipation der einzelnen Abteilungen sein soll.[139]

5.2. Lösungsansätze

Hinsichtlich der Budgetierung müssen unterschiedliche Informations- und Wissensstände sowie mitunter differierende Interessenslagen berücksichtigt werden. Die gegebenen Budgets können je nach Ausgestaltung sowohl motivierenden

---

[138] Weber 2004, S.323.
[139] Schwering 2015, S.19.

oder aber demotivierende Wirkung auf die Budgetnehmer haben. Des Weiteren kann je nach Umfang der Entscheidungskompetenz des Budgetnehmers auch ein opportunistisches Verhalten diesbezüglich nicht ausgeschlossen werden und sollte daher ebenso Gegenstand der Überlegungen sein.

Betrachtet man die Vorgesetzten-Angestellten-Beziehung (Prinzipal-Agent-Beziehung) unter diesem Aspekt, so wird deutlich, dass entsprechende An-reizsysteme notwendig sind, um diese für beide Seiten möglichst vorteilhaft zu gestalten und opportunistisches Verhalten des Agenten zu minimieren.

Diese zielen häufig auf eine erfolgsorientierte Entlohnung des Agenten ab. Wie diese konkret gestaltet werden können, soll mit Hilfe des Weitzman-Schemas, dem Profit Sharing und dem Groves-Schema aufgezeigt werden.

5.2.1. Weitzman-Schema

Das Weitzman-Schema wird in der Literatur auch als Sowjetisches Anreizschema, bezeichnet. Der Name Weitzman-Schema ist auf den US-Amerikanischen Wirt-schaftswissenschaftler Martin Lawrence Weitzman zurückzuführen, der im Jahr 1976 eine Artikel über ein zum damaligen Zeitpunkt neues Entlohnungssystem in der UDSSR im Bell Journal of Economics veröffentlichte. Das Ziel diese „Soviet Incentive Scheme" war es die Abweichungen vom Plan der damals in der UDSSR betriebenen Planwirtschaft zu verringern bzw. zu beseitigen. Die Problematik der damaligen Situation bestand vor allem aufgrund vorliegender Informationsasym-metrien.

Die Informationen die zu einer realistischen Abwägung der Planerstellung nötig gewesen wären, lagen dezentral bei einer Vielzahl von Akteuren zwar vor, flossen allerdings nicht in die Planung ein, da diese mittels Top-Down-Verfahren erstellt wurde. Die Ausgangslage stellt sich so dar, dass die russische Zentrale in Moskau Plangrößen vorgab, die für alle Regionen und Produktionsgenossenschaften gleichermaßen galten. Um eben diesen Plan erstellen zu können, mussten jedoch die Informationen durch die einzelnen Akteure bereitgestellt und zusammengetragen werden, weshalb die Regierung auf die Bereitstellung dieser Informationen angewiesen war. Diese hatten somit einen wesentlichen Informationsvorteil, den die Regierung sich zu Eigen machen musste. Um deren Wahrheitsgehalt als maximal annehmen zu können und entsprechend realistische Daten von den Verantwortlichen zu erhalten, formulierte Weitzman ein neues Entlohnungssystem.[140]

Das resultierende Entlohnungssystem basierte drauf, dass die Entlohnung immer dann hoch war, je realistischer die zur Verfügung gestellten Informationen waren. Überträgt man die Problematik der russischen Planwirtschaft auf Konzerne, die wesentlich auf den Informationsvorsprung ihrer Manager angewiesen sind, so lässt sich ebenfalls das Lösungsschema adaptieren.[141]

Dem Weitzman-Schema liegt die Annahme zu Grunde, dass der Manager (Agent) besser über die Entwicklung bzw. über die aktuelle Situation des Unternehmens bzw. der ihn unterstehenden Abteilung informiert ist, als die Unternehmensleitung (Prinzipal). Der Agent verfügt also über einen Informationsvorteil im Sinne der hidden information, die er zu seinem opportunistischen Vorteil nutzen könnte, woraus sich weiterhin ein Nachteil für den Prinzipal ergibt. Der Prinzipal ist somit für die optimale Budgetierung auf eine wahrheitsgemäße Berichterstattung des Agent angewiesen. Um diese realisieren zu können, ist es jedoch weiterhin erforderlich, dem Agenten einen Anreiz zu schaffen auf seinen Vorteil zu verzichten. Nach Weitzman wurde daher die Entlohnung für diese Informationsweitergabe an deren Wahrheitsgehalt gekoppelt.[142]

Das Weitzmann-Schema setzt also zunächst eine Entlohnung in Höhe eines fixen Betrages S (*salary*) voraus. Dieser kann beispielsweise als fixes Gehalt ausgezahlt werden. Weiterhin wird dem Manager eine die Erhöhung seiner Entlohnung offeriert, die an die wahrheitsgemäße Berichterstattung gekoppelt ist. Es Ergibt sich daher die Grundlage für das Gehalt Diese setzt sich aus der Differenz zwischen dem an den Prinzipal berichteten Wert und dem tatsächlich erreichten Wert zusammen. Bezieht man das auf den Gewinn der betreffenden Abteilung, so kann

---

[140] Callsen-Bracker, 2014, Zugriff: 28.12.2015.
[141] Callsen-Bracker, 2014, Zugriff: 28.12.2015.
[142] Ewert,/Wagenhofer 2014, S.411.

der tatsächlich Gewinn mit G und der vom Agenten kommunizierte Gewinn mit G* bezeichnet werden. Zur Berechnung sind weiterhin die Entlohnungsparameter a erforderlich. Dieser Faktor beträgt a*, für die kommunizierte Größe. Unterschreitet der tatsächliche Wert die berichtete Größe, so beträgt diese a1 während a2 angewendet wird, wenn der tatsächliche Wert geringer ist, als der zuvor kommunizierte Wert.

Daraus ergibt sich folgende Konstellation:

$$a1 < a^* < a2 \qquad \text{(für alle a gilt } > 0)$$

Für die gesamte Entlohnung des Agenten ergibt sich nunmehr folgende Berechnungsgrundlage:

$$s^* (G,G^*) = \begin{cases} S + a^* \cdot G^* + a1 \cdot (G-G^*) & \text{(für } G \geq G^*) \\ S + a \cdot G^* + a2 \cdot (G-G^*) & \text{(für } G \leq G^*) \end{cases}$$

Geht man nun davon aus, dass der Manager die Gewinnentwicklung genau kennt, so wird er die Ausprägung G* an den Prinzipal berichten und in diesem Fall seine Entlohnung s* maximieren.
Geht man davon aus, dass dem Agenten die Entwicklung tatsächlich bekannt ist, so kann er seinen eigenen Nutzten nur dann maximieren, sofern er die Wahrheit sagt. Gibt er einen Bericht an, der nicht der Wahrheit entspricht, so wirkt sich dies gegenteilig auf seinen persönlichen Gewinn aus.[143]

Das Weitzmann-Schema stellt somit eine gute Möglichkeit dar, Anreize für einen Agenten zu schaffen, um eine möglichst erfolgreiche und nutzenmaximierende Zusammenarbeit zwischen dem Agenten und dem Prinzipal für den Auftraggeber zu realisieren. Voraussetzung ist allerdings, dass der Agent die zukünftige Entwicklung tatsächlich genau kennt und der Realität entsprechend einschätzen kann. Irrt sich der Agent, ohne dass er dies mit negativen Absichten macht, so wird sich ein derartiges Entlohnungssystem negativ für ihn auswirken, auch wenn er selbst nach bestem Wissen gehandelt hat. Er trägt daher in diesem Fall auch das Risiko für unverschuldete negative Entwicklungen der Zielgrößen in Form

---

[143] Callsen-Bracker, 2014, Zugriff: 28.12.2015.

einer nicht maximalen Entlohnung. Der Manager sollte daher möglichst Risiko-neutral eingestellte sein.

Zudem kann das Weitzman-Schema um eine Annahme erweitert werden. Der Prinzipal geht in diesem Fall nicht davon aus, dass dem Agenten der genaue Wert, sondern die Wahrscheinlichkeitsverteilung bekannt ist, welcher die Entwick-lung dieses Wertes G folgt. Der Manager kann aufgrund dessen eine genauere Abschätzung hinsichtlich des zu erwartenden Erfolgspotenzials abgeben, als die Zentrale selbst. Der durch den Manager abgegebene Bericht wird somit maßgeb-lich durch die angewandten Entlohnungsparameter und die vorliegende Ergebnis-verteilung beeinflusst.

5.2.2. Profit Sharing

Das Profit-Sharing (Gewinnteilung) stellt eine weitere Möglichkeit dar, um Agenten Anreize zu bieten, im Sinne des Prinzipals zu handeln. In diesem Fall werden die Agenten ebenfalls in den Budgetierungsprozess einbezogen und haben entspre-chend einen Anteil an dessen Endergebnis. Zudem Enthält die Entlohnungsfunkti-on der Agenten, ähnlich der beim Weitzman-Schema, einen fixen und einen variablen Anteil. Der variable Anteil orientiert sich dabei allerdings nicht nur an der Realisierung des Abteilungsziels, sondern an dem erwirtschafteten Unterneh-mensergebnis.   Durch diese Verknüpfung wird die Zielfunktion der gesamten Unternehmung, die auf die Maximierung des gesamten Ertrages abzielt, auf die einzelnen Akteure übertragen. Diese wiederum sind ebenso bestrebt ihren persön-lichen Ertrag zu maximieren und haben durch diese Prämienverknüpfung zusätz-lich ein Interesse daran, das Unternehmensergebnis zu maximieren.[144]

Die Weitergabe falscher Berichte durch die Agenten an die Unternehmensleitung bedingt daher möglicherweise Fehlentscheidungen, die wiederum dazu führen, dass das Betriebsergebnis nicht realisiert werden kann und dadurch auch den individuellen Nutzen der Agenten schmälern. Durch dieses Vorgehen soll die

---

[144] Groves/Loeb 1979, S.228.

Zusammenarbeit zwischen den Abteilungen gefördert werden und egoistisches Handeln innerhalb des Budgetierungsprozesses vermieden werden. Zudem werden die Akteure dazu angehalten, auf die Einhaltung aller relevanten Budgets zu achten, um den resultieren Nutzen maximieren zu können.[145]

Eine grundlegende Voraussetzung für diese Art des Anreizsystems stellt allerdings die Annahme dar, dass alle Einflussbereiche die Informationen wahrheitsgemäß und unverfälscht weitergeben. Wenn eine Abteilung falsche Angaben macht und diese wiederum zu einem verminderten Betriebsergebnis führen, so hat dieses Verhalten negative Auswirkungen auf die Höhe der Prämie aller.[146]

Hat hingegen ein Agent den Verdacht, dass ein Anderer falsche Informationen an die Unternehmensleitung weitergibt, so kann diese zur Folge haben, dass auch der dazu neigt eine manipulierte und damit falsche Berichterstattung abzugeben. Die bestehenden Informationsasymmetrien hinsichtlich des Leistungsvermögens anderer Akteure, gestalten sich damit als problematisch.[147]

Zudem kann diese Form der Gewinnbeteiligung nur dann einen Anreiz für die beteiligten Akteure darstellen, wenn diese über ausreichend Kenntnisse hinsichtlich der Realisierung des Unternehmensziels haben. Sie müssen also zum einen Zugang zu Informationen über die kaufmännischen Ergebnisse der gesamten Organisation haben und zusätzlich auch auf deren Richtigkeit vertrauen. Andernfalls wird dieses Anreizsystem nicht zum gewünschten Erfolg führen. Auch ist die Frage nach der Höhe der Gewinnbeteiligung ausschlaggebend für den Erfolg dieses Anreizsystems, da der Multiplikator so gewählt werden muss, damit er ausreichend Anreize für die Agenten schafft und dennoch die Gewinnbeteiligung der Geschäftsleitung für sie selbst motivierend ausgestaltet werden kann.[148]

Durch die Anwendung des Profit Sharing wird allerdings das Verantwortlichkeitsprinzip verletzt. Dieses besagt, dass die Beurteilung und entsprechend auch die Entlohnung dezentraler Entscheidungsträger nur auf Basis der Faktoren vorgenommen werden sollte, die sie selbst zu verantworten haben und entsprechend

---

[145] Pfaff/Leuz 1995, S. 670 ff.
[146] Ewert/Wagenhofer 2014, S.540f.
[147] Pfaff/Leuz 1995, S. 670 ff.
[148] Beyer 1952, S.6f.

beeinflussen können. Dieses Prinzip wird auch als Beeinflussungsprinzip oder Controllability-Prinzip bezeichnet.[149]

Durch das Profit Sharing werden allerdings auch die Erfolge anderer Manager bei der Berechnung der Entlohnung berücksichtigt, wodurch das Controllability-Prinzip verletzt wird.

5.2.3. Groves-Schema

Eine dritte Möglichkeit ein Anreizsystem hinsichtlich der ehrlichen Berichterstattung der Abteilungsleiter im Hinblick auf eine realistische Budgetierung zu schaffen, stellt das Groves-Schema dar. Dieser wurde ursprünglich von Vickrey (1961) zur Lösung der öffentlichen Gutsproblematik entwickelt. Später übertrug Groves (Groves/Loeb 1979) diesen Anreizmechanismus auf die betriebliche Budgetierungsproblematik und versuchte so ein Entlohnungsschema zu schaffen, welches eine wahrheitsgemäße Berichterstattung durch die Manager fördert.[150]

Der Groves-Mechanismus ist dem Profit-Sharing-Modell ähnlich und versucht ebenso einen Anreiz zur wahrheitsgemäßen Berichterstattung zu schaffen, indem dem Abteilungsleiter (Agent) als Entlohnung an dem Gesamten Erfolg des Unternehmens beteiligt werden. Allerdings wird hierzu neben dem eigenen Abteilungsgewinn auch der prognostizierte Erfolg der anderen Abteilungen in die Erfolgsberechnung einbezogen. Ein Bereichsleiter, dessen Berichterstattung verfälscht ist, was sich auf die Reduzierung des Erfolgs der anderen Bereiche auswirkt, kann sich ebenso schädlich auf seine eigene Entlohnung auswirken. Die eigene Berichterstattung wirkt sich allerdings nur auf die eigene Entlohnung, nicht aber auf die anderer Abteilungsleiter aus.[151]

---

[149] Pfaff/Weißenberger 2000, S.128.
[150] Hoffmann/Pfeiffer 2001, S.570.
[151] Bamberg/Trost 1998, S.101.

Die Anreize zur wahrheitsgemäßen Berichterstattung der Manager werden somit deutlich erhöht, weshalb das Groves-Schema als anreizkompatibel gilt.[152]

Die Entlohnung des Agenten nach dem Groves-Schema setzt sich nunmehr aus einem fixen Betrag, einem variablen Anteil in Abhängigkeit des realisierten Gewinns des eigenen Bereiches und des prognostizierten Ergebnisses anderer Unternehmensbereiche zusammen. Somit wirkt sich eine nichtwahrheitsgemäße Berichterstattung eines Managers auch auf seine Eigenen Entlohnung aus, wenn diese für vermindertet Gewinne der anderen Unternehmensbereiche führt. Die Koeffizienten, die die Höhe der Entlohnung maßgeblich beeinflussen, müssen so gewählt werden, dass sie die Bereitschaft der Bereichsmanager zur Kooperation positiv beeinflussen. (vgl. Die Manager A und B berichten beispielsweise die Produktivität m_A und m_B woraufhin von der Zentrale die entsprechend die Budgets für beide Bereiche und das gesamte Unternehmensziel berechnet und an die Bereichsleiter kommuniziert werden.[153]

Grundlegend führt die Anwendung des Groves-Schemas dazu, dass Bereichsegoismen beseitigt werden. Grundlegend geht man davon aus, dass jeder Manager bestrebt ist, sich opportunistisch zu verhalten und sich möglichst hohe Budgets zu sichern und im Zuge dessen zur falschen Berichterstattung neigt. Diesem Effekt wirkt das Groves-Schema entgegen, wodurch die Manager kein übermäßiges Interesse haben, sich durch falsche Berichterstattung zusätzlich finanzielle Mittel für den eigenen Verantwortungsbereich zu sichern. Weiterhin kann hierdurch die optimale Allokation der zur Verfügung stehenden Ressourcen zur Gewinnmaximierung realisiert werden.[154]

Betrachtet man die Berechnungsgrundlage des Groves-Schema jedoch genauer, so wird deutlich, dass zwar die wahrheitsgemäße Berichterstattung eines Managers begünstigt wird, aber dennoch die Gefahr besteht, dass die Manager sich miteinander absprechen und sich gemeinsam höhere Ressourcen durch falsche Berichterstattung verschaffen. Opportunistisches Verhalten würde dadurch nicht

---

[152] Ewert/Wagenhofer 2014, S.572f.
[153] Hoffmann/Pfeiffer 2001, S.571f.
[154] Ossadnik 2009, S. 411f.

69

verhindert werden, sondern eher verstärkt, da sich entsprechend ein opportunisti-sches Kollektiv bildet. Diese Problematik kann an Kollusion bezeichnet werden und stellt einen wesentlichen Nachteil des Groves-Anreizschemas dar.

Weiterhin beinhaltet das Groves-Schema das Prinzip des Profit-Sharing und verletzt daher ebenso das Controllability-Prinzip. Die Auswirkungen seien zwar deutlich geringer als dem Profit Sharing, allerdings noch immer nicht vollständig auszuschließen.[155]

Weiterhin ist dieses Anreizsystem vergleichsweise komplex und daher für die untergeordneten Instanzen relativ schwer nachzuvollziehen. Diese mangelnde Transparenz stellt einen wesentlichen Nachteil des Groves-Schemas dar und kann sich zudem demotivierend auf die Beteiligten auswirken.[156]

---

[155] Eigler 2004, S.676f.
[156] Krapp 2000, S.263.

6. Verrechnungspreise als Anwendungsgebiet der Prinzipal-Agent Theorie

6.1. Grundlagen

Um die Bedeutung und die Nutzung von Verrechnungspreisen im Rahmen der Prinzipal-Agent-Theorie beurteilen zu können, ist es zunächst erforderlich, den Begriff der Verrechnungspreise darzustellen und für die weiteren Betrachtungen zu definieren. Daher werden im Folgenden Abschnitt zunächst die begrifflichen Grundlagen und die Funktionen von Verrechnungspreisen Gegenstand der Betrachtungen sein, um im Anschluss die Verbindung zur Prinzipal-Agent-Theorie herzustellen.

6.1.1. Begriffsabgrenzung

In der Literatur ist eine Vielzahl unterschiedlicher Begriffsdefinitionen für Verrechnungspreise zu finden, wobei sich diese in wesentlichen Kennzeichen decken und entsprechende Parallelen aufweisen. Die am häufigsten zitierte Definition dürfte die von Ewert und Wagenhofer sein. Sie bezeichnen Verrechnungspreise als *"Wertansätze für innerbetrieblich erstellte Leistungen (Produkte, Zwischenprodukte, Dienstleistungen), die von anderen, rechnerisch abgegrenzten Unternehmensbereichen bezogen werden"*[157]

Eine grundlegende Voraussetzung für die Nutzung von Verrechnungspreisen stellt die dezentrale Organisationsstruktur dar. Diese liegt immer dann vor, wenn die Entscheidungsrechte innerhalb eines Unternehmens nicht bei der Zentrale allein liegen, sondern auch auf untergeordnete Organisationseinheiten übertragen worden sind.[158]

Die einzelnen Organisationseinheiten verfolgen den ihnen zugeordneten Zweck und tragen durch dieses Bestreben zur Realisierung des Ziels der gesamten

---

[157] Ewert/Wagenhofer 2008, S.573.
[158] Friedl et al. 2013, S.545.

Unternehmung bei. Die unterschiedlichen Bereiche können Geschäftsbereiche, Sparten oder sogar innerbetriebliche Profit Center sein. Des Weiteren kann es sich bei Konzernen auch um rechtlich selbständige Tochtergesellschaften handeln, die Leistungen erbringen/erstellen, die wiederum Teil der Leistungserbringung einer anderen Tochtergesellschaft sein können.[159]

Verrechnungspreise stellen der Definition nach einen Wertansatz dar, um innerbetriebliche Leistungen zu bewerten. Dementsprechend weisen 2 wesentliche Merkmale auf: den Wertansatz als solches und das Vorliegen bzw. die Absicht des innerbetrieblichen Leistungsaustauschs. Um den Wertansatz identifizieren zu können und eine entsprechende Bewertung der Leistung vornehmen zu können, können verschiedenen Methoden herangezogen werden. Die Wahl der Methode entscheidet über die grundlegende Charakteristik des Verrechnungspreises. Diese können daher marktorientiert, kostenorientiert oder auch verhandlungsbasiert sein. Inwieweit die Verrechnungspreise Ermittelt werden und welche Form des Anreizes sie schaffen können soll allerdings erst in Abschnitt 6.2. von Bedeutung sein.[160]

Der innerbetriebliche Leistungsaustausch als zweites wesentliches Merkmal kann wie bereits kurz erwähnt zwischen unterschiedlichen Kostenstellen oder Geschäftsbereichen des Unternehmens sowie zwischen rechtlich selbständigen Einheiten von Konzernunternehmen stattfinden. Zudem kann dieser auch vorliegen, wenn Leistungen, die durch die Zentrale des Unternehmens erbracht werden, durch einen anderen Geschäftsbereich in Anspruch genommen werden. Konkret könnte es sich hierbei um die zentrale Personalabteilung eines Unternehmens handeln, die Leistungen in Form der Lohnrechnung und Personalverwaltung für einzelne Filialen erbringt. Der damit verbundene Aufwand kann als eine Dienstleistung angesehen werden und entsprechend der aufgewendeten Zeit und der zusätzlich eingebrachten Ressourcen wird ihr ein Preis zugeschrieben. Diesen Verrechnungspreis kann die Zentrale der Filiale „in Rechnung" stellen und somit deren Gewinn entsprechend verringern. In diesem konkreten Beispiel handelt es

---

[159] Ewert/Wagenhofer 2008, S.564.
[160] Friedl et al 2013, S.545.

sich um eine spezielle Form des Verrechnungspreises, welche auch als Kosten-umlage bzw. Kostenallokation bezeichnet werden kann.[161]

Verrechnungspreise könne aber auch in sogenannten Profit Center als Entschei-dungsgrundlage dienen, wenn eine Mengenbestimmung für die zu produzierenden Güter abgegeben werden muss. Verrechnungspreise können somit auch als Entscheidungskriterium dienen.[162]
Die Funktionen von Verrechnungspreisen werden in Abschnitt 6.1.2. näher be-trachtet.

Grundlegend sind Verrechnungspreise immer in Abhängigkeit von der vorliegen-den Organisationsstruktur zu sehen. Diese sind nur dann sinnvoll und hilfreich, wenn ein innerbetrieblicher Leistungsaustausch innerhalb eines Unternehmens oder Konzerns mit einer dezentralen Organisationsstruktur zu verzeichnen ist. Allerdings wird in der Literatur von einigen Autoren der Begriff des Verrechnungs-preises als nicht korrekt angesehen, da es sich dabei nicht um das klassische Preisverständnis handle, da die Preisbildung sonst wesentlich durch den Markt und Angebot und Nachfrage bedingt wäre. Daher wird häufig auch vom Verrech-nungswert gesprochen. Häufig werden auch die Bezeichnungen Transfer-, Lenk, oder Lenkungspreis synonym verwendet. Der Begriff des Lenkungspreises ist jedoch ein wenig enger definiert, da Lenkungspreise konkret auf die Lenkung der Allokation knapper Ressourcen ausgerichtet sind.[163]

Verrechnungspreise sind daher bedeutend für die Beeinflussung des Unterneh-mensgewinns durch die Unternehmensleitung, da sie wesentlich die Höhe der Bereichsgewinne und daher den Gesamtgewinn beeinflussen. Verrechnungsprei-se sind allerdings unbedingt von Marktpreisen zu unterscheiden. Während Ver-rechnungspreise ehr zweckorientiert sind und sich entsprechend an dem damit verbundenen Nutzen orientieren, ergeben sich Marktpreise aus dem Verhältnis von Angebot und Nachfrage.[164]

---

[161] Friedl et al 2013, S.545.
[162] Mensch 2003 , S.925.
[163] Friedl et al 2013, S546f.
[164] Kotschenreuther 1997, S.446.

Für die Berechnung von Verrechnungspreisen gibt es einen allgemeingültigen bzw. idealtypischen Ansatz, der entsprechend der zu berücksichtigenden Variablen und Kriterien ergänzt wird. Ziel ist es jedoch immer, den Verrechnungspreis so zu gestalten, dass er der Maximierung der Bereichserfolge und somit der Realisierung des gesamten Unternehmensziel nicht entgegensteht, sondern diese eher begünstigt. Die Ziele der einzelnen Bereiche sollten daher kongruent zu denen der übergeordneten Instanz sein. Der Verrechnungspreis oder –wert für eine intern ausgetauschte Leistung, ergibt sich aus der Summe ihrer Grenzkosten und der damit verbundenen Opportunitätskosten. Die Grenzkosten der innerbetrieblichen Leistungen entsprechen der Grenzkostendefinition nach den Kosten, die für die Leistungserstellung erforderlich sind. Die Opportunitätskosten entsprechen hingegen den Kosten für den entgangenen Nutzen.[165]

$$\text{Verrechnungspreis (a)} = \text{Grenzkosten (a)} + \text{Opportunitätskosten (a)}$$

Diese idealtypische Berechnung wird in der Praxis durch eine Vielzahl von Faktoren beeinflusst wodurch entsprechende Abhängigkeiten und Probleme bestehen. Grundlegend werden die Kosten eines Gutes durch die hergestellte Menge dividiert. Insofern besteht ein Zusammenhang zwischen der Kapazität und dem Verrechnungspreis. Ist die Kapazitätsauslastung nicht konstant, so sind es die Verrechnungspreise für die betreffenden Güter ebenfalls nicht. Verrechnungspreise können daher ebenso schwanken, wie Marktpreise. Eine permanente Neuberechnung der Verrechnungspreise treibt allerdings die damit verbundenen Kosten in die Höhe.

Weiterhin können auch die vorliegenden Opportunitätskosten nicht in jedem Fall eindeutig bestimmt werden. Da diese durch den entgangenen Nutzen bestimmt werden. Dieser wiederum bezieht den Vergleich ein, wie viel man für Leistung a von einem anderen Abnehmer erhalten hätte. Häufig handelt es sich um Dienstleistungen oder Zwischenprodukte, die auf dem externen Markt nicht angeboten werden, weshalb Interdependenzen zwischen internen und externen Leistungen nicht auszuschließen sind. Daher stellt die vorangegangene Berechnungsgrundlage nur eine stark vereinfachte Form dar.[166]

---

[165] Friedl 2013, S.551f.
[166] Friedl et al 2013, S.555.

6.1.2. Funktionen von Verrechnungspreisen

Die grundlegende und übergeordnete Funktion von Verrechnungspreisen besteht in der Steuerung des Unternehmens mit der Zielsetzung den Unternehmenswert nachhaltig zu maximieren.[167]

Um dieses Hauptziel realisieren zu können, können Verrechnungspreise verschiedenen Funktionen zugeschrieben werden. Diese können auch als Mechanismen oder Wirkungen beschrieben werden und sind mitunter nicht eindeutig voneinander abzugrenzen. Es können somit Schnittstellen zwischen den einzelnen Wirkungen, die Verrechnungspreise in dezentralen Unternehmen aufweisen, identifiziert werden.[168]

In diesem Zusammenhang können die Funktionen von Verrechnungspreisen unterschiedlich klassifiziert werden. Diese können je nach Autor und Fokus in beispielsweise in betriebswirtschaftliche und steuerliche Funktionen unterteilen lassen. Auch können Verrechnungspreise nach ihrer internen und externen Wirkungen unterschieden werden.

Im Folgenden soll jedoch die Klassifizierung anhand der unmittelbaren Wirkungen, die Verrechnungspreise hervorrufen, im Mittelpunkt der Betrachtungen stehen.

Verrechnungspreise erfüllen somit folgende Funktionen:

- Koordinations- und Lenkungsfunktion
- Erfolgsermittlungsfunktion
- Steuergestaltungsfunktion
- Anreiz- und Motivationsfunktion

Durch die Koordinations- und Lenkungsfunktion von Verrechnungspreisen, kann eine optimale Ressourcenallokation in der Organisation und zwischen den einzelnen Abteilungen realisiert werden. Alle operativen Entscheidungen werden entsprechend auf die übergeordneten Unternehmensziele ausgerichtet. Mit Hilfe von Verrechnungspreisen kann in dezentral organisierten Unternehmen die

---

[167] Henselmann 1999, S. 292 ff.
[168] Hummel 2010, S. 38.

Verteilung der vorhandenen Produktionsfaktoren so gesteuert werden, dass die resultierenden Bereichsgewinne maximal werden. Diese Gewinnmaximierungen wirken sich entsprechend positiv auf die Entwicklung des gesamten Unternehmensgewinns aus und tragen somit zur Realisierung der Unternehmensziels bei.[169]

Die Verrechnungspreise erfüllen diese Steuerungsfunktion genau dann, wenn sie die Entscheidungen der Manager dahingehend beeinflussen, den gesamten Unternehmenszweck zu erfüllen. Die Entscheidungen der einzelnen Entscheidungsträger werden entsprechend koordiniert.[170]

Eine weitere wesentliche Funktion von Verrechnungspreisen liegt in der Ermittlung des Erfolgs. Anhand der Berechnung der Verrechnungspreise wird weiterhin eine Bewertung der Leistungserstellung der einzelnen Unternehmensbereiche vorgenommen. Daher kann ihnen anhand der Verrechnungspreise der von ihnen erwirtschaftete Ertrag zugewiesen werden. Diese Bereichserträge wiederum ergeben in der Summe den Gesamtertrag des Unternehmens, sofern sie für alle Abteilungen ermittelt worden sind.[171] Durch diese Möglichkeit der internen Erfolgsermittlung wird weiterhin die Transparenz hinsichtlich der vorliegenden Kostenstruktur erweitert. Zusätzlich könne sie die Grundlage für richtungsweisende Entscheidungen des Managements sein.[172]

Die Möglichkeit die zu entrichtenden Steuern zugunsten des Unternehmens beeinflussen zu können wird ebenso als positive Funktion von Verrechnungspreisen angesehen. Mit Hilfe des Leistungsaustauschs zwischen einzelnen organisatorischen Einheiten, lassen sich die Kosten für den gesamten Leistungserstellungsprozess vollständig ermitteln. Diese wiederum führen zu Verringerung des Ertrages und zur Senkung der steuerlichen Bemessungsgrundlage.[173] Dieser Effekt wird vor allem dann interessant, wenn der Leistungsaustausch grenzüberschreitend stattfindet. Durch die Berechnung von Verrechnungspreisen können

---

[169] Ewert/Wagenhofer 2008, S.567f.
[170] Friedl et al 2013, S.557.
[171] Kotschenreuther 1997, S.448.
[172] Weber et al 2006, S.13f.
[173] Weber et al 2006, S.15.

Erträge unter Einhaltung der gesetzlichen Vorgaben so gestaltet werden, dass die höchsten Gewinne in dem Land mit der geringsten Steuerbelastung anfallen und umgekehrt. Die Besteuerungsgrundlage wird minimiert und führt wiederum zu einer Optimierung der Steuerlichen Abzüge aus Sicht des Unternehmens.[174]

Die letzte Funktion der zugrundeliegenden Kategorisierung stellt die Anreiz- und Motivationsfunktion dar. Diese ist innerhalb dieser Arbeit die bedeutendste und somit die entscheidende Funktion von Verrechnungspreisen innerhalb dezentral gesteuerter Unternehmen.

Die motivierende Wirkung von Verrechnungspreisen ergibt sich aus den bereits beschriebenen Erfolgsermittlungs- und der Lenkungsfunktionen. Durch die Berechnung und Anwendung von Verrechnungspreisen im Rahmen des innerbetrieblichen Leistungsaustausches, ist es möglich die Gewinne der einzelnen Bereiche zu maximieren. Der Bereichsleiter verfügt somit über ein Steuerungsinstrument, mit dem er seinen Verantwortungsbereich zu maximalem Erfolg verhelfen kann. In Verbindung mit einer erfolgsorientierten Vergütung entfalten die Verrechnungspreise ihre motivierende Wirkung hinsichtlich der Maximierung des Unternehmenswertes. Diese ist daher zwar nicht unmittelbar aber zumindest mittelbar gegeben.[175]

Verrechnungspreise beeinflussen somit eher die Faktoren, die Voraussetzung für die Erfüllung der Anreizfunktion liegt jedoch darin, dass der Bereichsleiter das zugrundeliegende Verrechnungspreissystem akzeptiert und zusätzlich über die Möglichkeiten und Entscheidungsbefugnisse verfügt, den Erfolg seines Bereiches tatsächlich beeinflussen zu können. Mit diesem Effekt geht jedoch auch das Risiko einher, dass eine Demotivation begünstigt wird, sofern sich zusätzlich Faktoren, auf die der Manager selbst keinen Einfluss hat, negativ auf seine Entlohnung auswirken.[176]

---

[174] Friedl et al 2013, S.557.
[175] Weber et al 2006, S.15.
[176] Kreuter 1999, S.157f.

Hinsichtlich der Verwendung und der Funktionen von Verrechnungspreisen können sich jedoch auch verschiedene Zielkonflikte ergeben, die es bei der Verwendung und der Berechnung von Verrechnungspreisen unbedingt zu beachten gilt. So müssen Verrechnungspreise, die eine Koordinationsfunktion erfüllen nicht zwangsläufig auch zur Erfolgsermittlung beitragen bzw. können diese sogar nachteilig beeinflussen. Werden beispielsweise Verrechnungspreise zur Auslastung freier Kapazitäten herangezogen, die jedoch unter den Fixkosten liegen, so kann der Organisationsbereich zwar zahlungswirksame Kosten anführen, diese decken jedoch nicht den geleisteten Aufwand , was weiterhin dazu führt, dass die Organisationseinheit eine Verlust erwirtschaftet. In diesem Fall stehen sich Koordinations- und Erfolgsermittlungsfunktion gegenüber. Häufig können derartige Zielkonflikte bei Verrechnungspreisen beobachtet werden, die der steuerlichen Optimierung dienen sollen, da diese in den meisten Fällen nachteilig für die Realisierung der anderen Funktionen ist. Zu diesem Zweck ziehen Unternehmen häufig unterschiedliche Verrechnungspreise für innerbetriebliche Leistungen oder Zwischenprodukte heran.[177]

6.2. Verrechnungspreisformen

Verrechnungspreise können aufgrund unterschiedlicher Verfahren berechnet werden und beziehen sich entsprechend auf verschiedenen Berechnungsgrundlagen. Hinsichtlich der Differenzierung der einzelnen Arten gibt es auch in diesem Bereich keine einheitliche Klassifizierung. Eine Möglichkeit der Unterscheidung ist die Aufteilung nach der Art ihrer Berechnung und dadurch in Kostenorientierte, Marktpreisorientierte und Verhandelte Verrechnungspreise. Diese soll auch im Folgenden von Bedeutung sein.[178]

---

[177] Friedl et al 2013, S.558f.
[178] Küpper 2001, S.396.

6.2.1. Kostenorientierte Verrechnungspreise

Die Berechnung der Verrechnungspreise anhand der damit in Zusammenhang stehenden Kosten basiert häufig auf der Kosten- und Erfolgsrechnung. Diese dient als Datenbasis. Die Grundlage zur Ermittlung des Verrechnungspreises stellen hierbei die monetären Kosten dar, die im Rahmen Leistungserstellung anfallen.[179]

Kostenorientierte Verrechnungspreise orientieren sich somit eher an der Angebotsseite, da sie sich ausschließlich auf die Kosten der Produktionsseite beziehen. Sie genügen damit dem grundlegenden betriebswirtschaftlichen Anspruch der Kostendeckung, sofern sie alle anfallenden Kosten einbeziehen. Welche der Kosten in die Gestaltung der Verrechnungspreise einbezogen werden sollen, kann zu einer weiteren Differenzierung Kostenorientierter Verrechnungspreise führen. Zunächst muss jedoch auch festgelegt werden, welchen zeitlichen Bezugsrahmen die Verrechnungspreise berücksichtigen sollen. Während Ist-Kosten als Berechnungsgrundlage eher vergangenheitsorientiert sind, stellen Plankosten die zukunftsorientierte Variante dar.[180]

Grundlegend könne drei Typen von kostenorientierten Verrechnungspreisen unterschieden werden. Das Kriterium anhand dessen sie unterschieden werden, stellt der Umfang der berücksichtigten Kosten dar, diese können sein:

- Grenzkosten (Teilkosten)
- Vollkosten
- Vollkosten plus Gewinnaufschlag

Die Grenzkosten als Basis für die Bestimmung der Verrechnungspreise für den Austausch innerbetrieblicher Leistungen führen zum niedrigsten Verrechnungspreis in diesem Zusammenhang. Zur Berechnung werden ausschließlich die Kosten herangezogen, die bei der Produktion jeder zusätzlichen Einheit anfallen.[181] Der liefernde Bereich deckt somit im Zweifel lediglich seine variablen

---

[179] Ewert/Wagenhofer 2008, S. 582.
[180] Rieke 2013, S.35f.
[181] Coenenberg et al 1999, S.549.

Stückkosten, nicht aber die Fixkosten, die im Rahmen der Leistungserstellung anfallen. Dieser Umstand hat zwar für den Leistungsnehmer den Vorteil, dass dieser seine Beschaffungskosten gering hält und den Erfolg des eigenen Bereiches erhöht, allerdings bietet der Grenzkostenansatz zur Ermittlung der Verrechnungspreise einige negative Aspekte für die Leistungserstellende Einheit. Diese deckt mit dem entsprechenden Verrechnungspreis nicht die gesamten Produktionskosten und erwirtschaftet entsprechend einen Verlust. Die Verrechnungspreise würden in diesem Fall der Erfolgsermittlungsfunktion nicht erfüllen können.

Der Ansatz bietet aus diesem Grund keinen Anreiz für den Manager der den Bereich verantwortet, den die Leistung erstellt. Dieser Umstand wird weiterhin dadurch begünstigt, dass kein Anreiz zur Durchführung von künftigen Rationalisierungsmaßnahmen geboten wird, selbst wenn diese mit einer Effizienzsteigerung und einer langfristigen Gewinnerhöhung einhergehen würden. Die für die Investitionskosten anfallenden Fixkosten können in diesem Szenario nicht gedeckt werden.[182]

Weiterhin birgt dieser Ansatz die Gefahr, dass das Kostenbewusstsein auf Seiten des Abnehmers verfälscht wird, was sich weiterhin negativ auf den Erfolg der gesamten Organisationseinheit auswirken kann.[183]
Um diese problematischen Aspekte zu beseitigen kann daher der Verrechnungspreis auf den Vollkosten der Leistung berechnet werden. In diesem Fall würden auch die anteiligen Fixkosten der leistungserbringenden Einheit für die Herstellung gedeckt. Der anfordernde Bereich, der dem Käufer entspricht, zahlt in Form des Verrechnungspreises nun den Preis, den er hätte aufwenden müssen, wenn er die Leistungserstellung selbst realisiert hätte. Somit wird das Kostenbewusstsein des Abnehmers für die Leistung verstärkt und dem Manager der leistungserbringenden Organisationseinheit ein Anreiz geboten, diesen Verrechnungspreis anzubieten.[184]

Auch können somit keine Scheingewinne auf der Abnehmerseite auf Kosten der Herstellerseite realisiert werden. Allerdings ist die Berechnung und die eindeutige

---

[182] Friedl et al 2013, S.563.
[183] Rieke 2013, S.39.
[184] Coenenberg et al 1999, S.549.

Zuordnung der Fixkosten pro Stück nicht immer realisierbar oder aber verursacht einen hohen Aufwand und weitere Kosten. Entsprechend besteht die Gefahr, dass die Zuordnung willkürlich erfolgt. Weiterhin wird dadurch das Verursacherprinzip verletzt.[185]

Erfolgt die Leistungserstellung des abgegrenzten Unternehmensbereiches ausschließlich für einen Anderen und werden zur Veräußerung der innerbetrieblichen Leistungen derartige Verrechnungspreise angesetzt, so kann dieser Unternehmensbereich keine Gewinn erwirtschaften und der Gewinn, den die andere Abteilung erwirtschaftet, basiert auf dieser Leistungserstellung Dieses Szenario widerspräche ebenso der Erfolgsermittlungsfunktion.[186]

Dieser Problematik wirkt die letzte Form der kostenorientierten Verrechnungspreise entgegen, indem nicht nur die Kosten, sondern ebenso ein Aufschlag zur Ermittlung des Verrechnungspreises für die innerbetriebliche Leistung herangezogen werden. Die Verrechnungspreise ergeben sich somit aus den Vollkosten zur Erstellung dieser Leistung und einem Gewinnaufschlag. Der Bereich, der die innerbetriebliche Leistung erstellt wirtschaftet somit nicht nur kostendeckend, sondern erwirtschaftet zudem auch Gewinne und die zugrundeliegenden Verrechnungspreise erfüllen in diesem Fall die Erfolgsermittlungsfunktion.[187]

Die Festlegung Höhe des Gewinnaufschlages kann sich in diesem Zusammenhang als problematisch erweisen, wenn diese durch die Organisationseinheit autonom festgelegt werden können. Diese werden entsprechend bestrebt sein, den eigenen Ertrag zu maximieren, was sich wiederum negativ auf die abnehmende Organisationseinheit auswirken kann, da sich entsprechend ihr Ertrag mindert. Diesbezüglich besteht zwar die Möglichkeit, dass die Unternehmenszentrale interveniert und den Verrechnungspreis oder den Gewinnaufschlag festsetzt, allerdings ist dann nicht mehr jede Einheit allein für den erwirtschafteten Erfolg verantwortlich. In diesem Fall könnte eine demotivierende Wirkung auf die Be-

---

[185] Rieke 2013, S.41.
[186] Osterloh/Frost 1999, S.44.
[187] Friedl et al 2013, S.566.

reichsleiter nicht ausgeschlossen werden, sofern diese anhand ihres Erfolges gemessen werden.[188]

Zudem muss beachtet werden, dass die Berücksichtigung eines Gewinnaufschlages innerhalb des Verrechnungspreises eher einem Marktpreis ähnelt. Wird die Höhe des Gewinnaufschlages so gewählt, wie dies auch für die Preisfindung für externe Abnehmer üblich wäre, so entspräche der Verrechnungspreis dem Marktpreis.[189]

6.2.2. Marktorientierte Verrechnungspreise

Die letzte Methode der Berechnung von Verrechnungspreisen basiert auf der Berücksichtigung der marktüblichen Verkaufspreise. Grundlage stellen somit die Preise dar, die für diese oder eine substituierbare Leistung auf dem Absatzmarkt für externe Abnehmer gelten. Dadurch wird innerhalb des Konzerns ein Markt simuliert, wodurch die Wirkung der Marktmechanismen realisiert werden soll, da der Marktpreis maßgeblich durch Angebot und Nachfrage beeinflusst wird. Dieser Mechanismus setzt jedoch voraus, dass es sich hierbei um einen vollkommenen Markt handelt, was in der Praxis eher selten der Fall ist. das Vorliegen der Vollkommenheit dieses internen Marktes voraus. In der Praxis ist diese Voraussetzung jedoch fast nie gegeben ist.[190]

Da der Marktpreis gleichzeitig ein Indikator für die Effizienz des Unternehmens sein kann, könnte ein marktpreisorientierter Verrechnungspreis dazu beitragen, dass sowohl Erfolg der Unternehmensbereiche und der des Konzerns maximiert wird. Entsprechend könnte nicht nur die Koordinations-, sondern euch die Erfolgsermittlungsfunktion erfüllt werden.[191]

Eine weitere Möglichkeit ist daher die Verwendung modifizierter Marktpreise als Verrechnungspreise. In diesem Fall würden Synergieeffekte zwischen den be-

---

[188] Friedl et al 2013, S.566.
[189] Rieke 2013, S.42.
[190] Küpper 2005, S. 401.
[191] Friedl et al 2013, S.447.

troffenen Bereichen genutzt, um den Preis entsprechend anzupassen. Diese Synergieeffekte lassen sich jedoch meist nur mittels hoher Kosten monetär ausdrücken.[192]

Ein wesentlicher Vorteil wäre allerdings, dass die marktorientierten Verrechnungs-preise ein geringeres Manipulationspotenzial bieten und weiterhin eine gute Objektivierbarkeit aufweisen. Allerdings gibt es häufig nicht nur einen marktübli-chen Preis, sodass auch für die Entscheidung wieder Kriterien festgesetzt werden müssen. Zudem unterliegen Marktpreise mitunter großen Schwankungen. Wenn diese ebenfalls auf die Verrechnungspreise übertragen werden würden, wird auch die Kalkulierbarkeit der Preise für die innerbetriebliche Leistungserstellung deutlich komplexer und erfordert wiederum den Einsatz zusätzlicher Ressourcen.
Letztlich besteht auch die Möglichkeit, dass es auf dem Markt keine vergleichba-ren Güter oder Dienstleistungen gibt, da es sich häufig nur um Teilleistungen handelt. Die Anwendung eines Marktpreises wäre in diesem Fall nicht möglich.[193]

6.2.3. Verhandelte Verrechnungspreise

Eine weitere Möglichkeit zur Ermittlung interner Verrechnungspreise besteht in Verhandlungen der Bereichsmanager untereinander. Der Verrechnungspreis für das Produkt oder die Leistung basiert daher nicht primär auf Marktpreisen oder den anfallenden Kosten, sondern ist eher auf das Verhandlungsgeschick der Bereichsleiter zurückzuführen. In diesem Zusammenhang kann allerdings davon ausgegangen werden, dass die Verhandlungspartner Kosten- und Gewinnaspekte in die Forderungen einbeziehen werden und der Verrechnungspreis nicht gänzlich Kosten- und Marktpreisunabhängig sein wird. Das Verhandlungsgeschick der Bereichsmanager beeinflusst daher den Verrechnungspreis und entsprechend auch den Erfolg seines Verantwortungsbereiches in hohem Maße. Dieser Um-stand kann sich entsprechend positiv auf die Motivation der Manager auswirken. Diese verfolgen das Ziel der Gewinnmaximierung und werden sich möglichst

---

[192] Rieke 2013, S.31.
[193] Rieke 2013, S.34f.

vorteilhaft positionieren und könnten sich entsprechend an den marktüblichen Preisen orientieren.[194]

Allerdings kann sich die Möglichkeit der Verhandlung über den Verrechnungspreis auch nachteilig auswirken. Handelt ein Bereichsleiter zwar in höchstem Maße effizient, verfügt aber im Gegensatz zu dem anderen Verhandlungsteilnehmer über schlechtes Verhandlungsgeschick, so wird er einen für sich nahteiligen Verrechnungspreis realisieren und auch den Erfolg seines Verantwortungsbereich entsprechend negativ beeinflussen. Weiterhin bergen entsprechende Verhandlungen ein gewisses Konfliktpotenzial zwischen den Beteiligten, was sich entsprechend negativ auf deren Arbeit auswirken kann. Dies wird vor allem dann problematisch, wenn der Bereichserfolg maßgebend für die Entlohnung des Managers ist. Zudem besteht die Gefahr, dass die Bereichsleiter sich opportunistisch verhalten. Zwar können sie durch geschickte Verhandlungen einen vorteilhaften Verrechnungspreis realisieren, allerdings muss der Erfolg des einen Unternehmensbereiches sich nicht zwangsläufig positiv auf die Entwicklung des gesamten Unternehmenserfolges auswirken. (vgl. Ewert/Wagenhofer 2008, S.509)

6.3. Verrechnungspreise im Kontext der Prinzipal-Agent Theorie

Die vorangegangenen Ausführungen hinsichtlich verschiedener Ansätze zur Ermittlung optimaler Verrechnungspreise zeigen, dass diese durchaus eine positive Steuerung im Rahmen agency-theoretischer Rahmenbedingungen aufweisen können. Sie ermöglichen die Steuerung einzelner Unternehmensbereiche in Bezug auf die Realisierung des übergeordneten Unternehmensziels, welches dem wesentlichen Ziel des Prinzipals entspricht. Die Problematik, dass Bereichsleiter (Agenten) opportunistische Interessen verfolgen, die dem Unternehmensziel entgegenstehen, kann durch den gezielten Einsatz von Verrechnungspreisen eingedämmt und im besten Fall gänzlich beseitigt werden.

---

[194] Friedl et al 2013, S.570.

Verrechnungspreise schaffen somit eine Möglichkeit, die Rentabilität bzw. Effizienz einzelner Unternehmensbereiche zu beurteilen, sofern zwischen ihnen ein Austausch von Produkten, Zwischenprodukten oder Dienstleistungen stattfindet. Die Manager orientieren sich innerhalb ihres Verantwortungsbereiches an für sie optimalen Verrechnungspreisen unter Berücksichtigung der ihnen zur Verfügung stehenden Informationen. Da diese umfangreicher und speziell ihren Bereich betreffend sind, verfügen sie im Gegensatz zur Unternehmenszentrale über einen Informationsvorsprung und können bestehende Synergien für eine effiziente Leistungserstellung und Ressourcenallokation nutzen.[195]

Inwiefern sich zielführende Anreize durch Verrechnungspreise bzw. Verrechnungspreissysteme schaffen lassen, wird vor allem dadurch beeinflusst, ob Informationsasymmetrien vorliegen oder nicht. Die Abhängigkeit bei vorliegenden Informationsasymmetrien ist deutlich höher als bei gleichem Wissensstand der beteiligten Institutionen. Verrechnungspreise in Höhe der Grenzkosten erfüllen diese Funktion eher weniger, da für die leistende Unternehmenseinheit immer ein Nachteil in Höhe der nicht gedeckten Fixkosten für die erbrachten Leistungen entsteht.

Die Vorteilhaftigkeit von Verrechnungspreisen in Höhe der Grenzkosten zeigt sich daher nur in Ausnahmefällen. Diese liegen immer dann vor, wenn dem Agenten ohne den Erhalt der Entlohnung in Höhe des Verrechnungspreises ein Nachteil entstehen würde. Ein solcher Sachverhalt ergibt sich immer dann, wenn die Produktion eines Gutes oder eines Zwischenproduktes aufgrund technischer Restriktionen nur in bestimmten Mengen möglich ist, die höher sind, als die abgesetzte Menge. In diesem Fall würde ein Produktionsüberschuss vorliegen, der möglicherweise aufgrund seiner Beschaffenheit nur begrenzt gelagert werden kann.

Der Produktionsüberschuss kann in diesem Kontext Kosten verursachen führt zu ungenutztem Umsatzpotenzial. Besteht allerdings die Möglichkeit, die Überproduktion an andere Organisationseinheiten zu veräußern, kann dieses Potenzial

---

[195] Ewert / Wagenhofer, 2005, S.639.

optimal genutzt werden. Mit Hilfe der Verrechnungspreise in Höhe der Grenzkosten kann die Kostenstruktur positiv beeinflusst werden. Diese Entwicklung ist
allerdings eher die Ausnahme.[196]

Einen entsprechenden Anreiz können daher eher die Cost-Plus Verrechnungspreise bieten, da nicht nur die mit der Leistung in Zusammenhang stehende
Kosten gedeckt werden, sondern auch das Bedürfnis der Bereichsleiter nach
Erfolgsmaximierung und somit ihres persönlichen Nutzens abgedeckt werden
kann. In diesem Zusammenhang ist es unabhängig, mit welcher Methode diese
ermittelt worden sind. Ausschlaggebend ist eher, welche Wirkung sie erzielen.
Verrechnungspreise können somit eine positive Anreizwirkung für Manager haben,
auch wenn sie zwischen ihnen verhandelt worden sind. In diesem Zusammenhang
muss jedoch unbedingt beachtet werden, dass diese Methode ein gewisses
Konfliktpotenzial birgt und mit erhöhten Kommunikations- und Transaktionskosten
verbunden ist.[197]

Eine Patentlösung im Rahmen agency-theoretischer Probleme in dezentralen
Organisationen kann allein mit Verrechnungspreisen jedoch eher nicht realisiert
werden, da weiterhin eine Vielzahl von Faktoren unberücksichtigt bleibt.

---

[196] Friedl et al 2013, S.563.
[197] Ewert/Wagenhofer 2008, S.509.

7. Zusammenfassung und Fazit

Ziel der vorliegenden Arbeit war es, zunächst die Rahmenbedingungen der Prinzipal-Agent Theorie darzustellen. Hierbei wurden Merkmale einer Beziehung zwischen Prinzipal und Agent untersucht und die daraus resultierenden Probleme allgemeingültig offengelegt, sowie Lösungsvorschläge für diese Probleme vorgestellt. Dies sollte eine theoretische Basis bilden, um sich in einem nächsten Schritt näher mit zwei Grundaufgaben des Controllings auseinanderzusetzen. Auf diese Weise wurde im Einzelnen dargestellt, welchen Erkenntnisgewinn die Prinzipal-Agent Theorie für die Erklärung und Gestaltung von Budgetierungs- und Verrechnungspreissystemen erbringen kann.

Durch eine agency-theoretische Betrachtung des Controllings wird es möglich, Controlling als Koordinationsfunktion in dezentral organisierten Unternehmen zu begreifen. Controlling dient der Verhaltenssteuerung. Die Auswahl zwischen Instrumenten des Controllings oder einzelnen Gestaltungsalternativen ist so zu treffen, dass die Reibungsverluste, die aus asymmetrischer Informationsvertei-lung und partiellen Interessenkonflikten resultieren können, begrenzt werden. (vgl. Jost, 2001, S.388) So ist beispielsweise das Verhältnis zwischen Vorge-setzten und Mitarbeitern häufig durch die in der Prinzipal-Agent Theorie typi-sche Informationsasymmetrie gekennzeichnet. Dabei nimmt der Vorgesetzte die Rolle des Prinzipals ein, während sich der Mitarbeiter in der Position des besser informierten Agenten befindet.[198]

Beim Vorliegen von Interessenkonflikten und asymmetrischer Informationsvertei-lung ist folglich die Budgetplanung nicht ohne weiteres aufzustellen. Wichtig sind demnach Anreizsysteme, die für eine wahrheitsgemäße Berichterstattung von Informationen durch die Bereichsleiter sorgen.
Es gilt festzuhalten, dass das Weitzman-Schema bei Sicherheit der vorliegenden Informationen einen geeigneten Anreizmechanismus zur wahrheitsmäßigen Berichterstattung darstellt. Nach abgegebener Prognose ist es für den Bereichs-leiter immer vorteilhaft den höchstmöglichen Gewinn zu erzielen, da hierdurch

---

[198] Thommen / Achleitner, 2006, S.809.

seine Entlohnung zunimmt. Bei Unsicherheit kann die vollständige Informations-aufdeckung jedoch nicht mehr gewährleistet werden. Darüber hinaus besteht das Problem darin, dass dieses Schema nur bei isolierter Betrachtung einer einzelnen Division bzw. eines einzelnen Bereichsleiters die gewünschte Wirkung erzielt. Aus diesem Grund scheint das Weitzman-Schema wenig geeignet, die Bereichsleiter im Sinne des gesamten Unternehmens zu lenken. „Dennoch handelt es sich um ein Anreizsystem, welches unter bestimmten Voraussetzun-gen in der betrieblichen Praxis einsetzbar ist.[199]

Beim Profit Sharing hingegen ist die Berichterstattung des einzelnen Bereichslei-ters auch von der Berichterstattung der anderen Abteilungen abhängig und fordert von den Bereichsleitern eine wahrheitsgemäße Berichterstattung. Grund-sätzlich besteht das Problem, dass sich die Bereichsleiter untereinander zu einer fehlerhaften Berichterstattung absprechen können. Ein solches Verhalten steigert zwar nicht die eigene Entlohnung, kann aber den eigentlichen Arbeitsaufwand verringern. Positiv ist beim Profit Sharing, dass die Beteiligung der Manager am Unternehmensgewinn motivierend wirkt. Andererseits kann es sein, dass Be-reichsleiter das Profit Sharing als unfair empfinden, weil sie nicht nur an den eigenen Gewinnen oder Verlusten, sondern auch an denjenigen der übrigen Bereichsleiter beteiligt werden.

Das Groves-Schema ändert die geschilderte Aufteilung des Profit-Sharing so ab, dass jeder Bereichsleiter einen Anteil der Summe aus dem Gewinn seines Bereiches und den berichteten Gewinnen der jeweils anderen Bereiche erhält. Dies hat den Vorteil, dass ein Bereichsleiter selbst dann wahrheitsgemäß berichten wird, wenn andere Bereiche Informationen verzerrt weitergeben. Aus diesem Grund stellt das Groves-Schema den einzigen Anreizmechanismus dar, der explizit gegen den Bereichsegoismus der einzelnen Abteilungen vorgeht. Aus Sicht der Unternehmensleitung ist ein höherer Erfolg erzielbar, wenn eine dezentrale Einheit von ihrem Bereichsegoismus abweicht, also eine mindere Zielerreichung in Kauf nimmt. Dies ist aber nur der Fall, wenn diese Zieleinbuße durch den Mehrerfolg einer anderen Einheit mehr als ausgeglichen wird.

---

[199] Ossadnik, 2009, S.454.

Trotz dieser positiven Anreize ist das Groves-Schema jedoch in der Praxis so gut wie nicht beobachtbar. Ein Grund dafür ist vermutlich, dass es sich bei diesem Mechanismus um ein sehr komplexes Anreizsystem handelt und es sich deswegen schwer in der Praxis implementieren lässt. Darüber hinaus besteht bei Risikoaversion des Agenten die Möglichkeit, dass die wahrheitsinduzierende Eigenschaft des Groves-Schemas verloren geht.

Verrechnungspreise sind im Controlling vor allem nötig, um trotz Interdependenzen unter den Bereichen, insbesondere bei gegenseitigen Leistungsbeziehungen, gesondert Bereichsgewinne ermitteln zu können, die zur Beurteilung der Profitabilität der Bereiche erforderlich sind.[200]

Die Bereichsleiter fällen selbstständig in ihren Abteilungen Entscheidungen, die die Zentrale nicht treffen könnte, da sie nicht über die entsprechenden Fachkenntnisse verfügt. Hierbei wurde aufgezeigt, dass eine verursachungsgerechte Aufteilung des Gesamterfolges aufgrund von Synergien gar nicht möglich ist. Für die Zentrale stellt sich dann die Frage, mit welcher Verrechnungspreisform das Verhalten der Entscheidungsträger am besten im Sinne des gesamten Unternehmens gelenkt werden kann.

Zusammenfassend zeigt sich, dass aus agency-theoretischer Sicht allein Cost Plus-Verrechnungspreise geeignet sind, eine angemessene Verhaltenssteuerung zu bewirken. Das hat den Grund, dass marktpreisorientierte Verrechnungspreise für eine optimale Verhaltenssteuerung einen perfekt kompetitiven Zwischenproduktmarkt benötigen. Grenzkosten und verhandlungsorientiere Verrechnungspreise entfalten ihre Wirkung erst unter der Annahme einer symmetrischen Informationsverteilung. Diese Annahmen sind in der Praxis jedoch oftmals unrealistisch. Zusätzlich kämpfen verhandlungsorientierte Verrechnungspreise mit dem Problem der Unterinvestition (Hold Up).
Cost Plus-Verrechnungspreise betonen die Bedeutung von Anreizen (z.B. Zahlung einer Prämie), die den Bereichsleitern geboten werden müssen, um eine wahrheitsmäßige Berichterstattung zu bewirken. Der optimale Verrech-

---

[200] Ewert / Wagenhofer, 2005, S.639.

nungspreis basiert im Unterschied zur Neoklassik nicht mehr allein auf den Produktionskosten, sondern bezieht auch eine Informationsrente ein, die der Bereichsleiter für die Preisgabe seines Informationsvorsprungs erhält.

Unbefriedigend bleibt allerdings weiterhin, dass auch die agency-theoretischen Arbeiten nicht modellendogen erklären können, warum eine dezentrale Steuerung über Verrechnungspreise vorteilhaft sein sollte.[201] Eine dezentrale Planung auf Basis von Verrechnungspreisen kann bestenfalls die Lösung der zentralen Planung nachahmen. Man benötigt zur Bestimmung der Verrechnungspreise zum einen umfangreichere Kommunikationsstrukturen und zum anderen müssen wiederum die optimalen Produktions- und Kostensenkungsentscheidungen bereits im Vorfeld bekannt sein.
Dies bedeutet, dass sich das Dilemma der pretialen Lenkung eher noch verstärkt.[202] Erst die Existenz von Transaktionskosten würde es erlauben, das Dilemma der pretialen Lenkung nichttrivial zu lösen.

Abschließend ist hervorzuheben, dass agency-theoretische Modelle theoretisch eine effiziente Gestaltung von Anreizsystemen liefern. Zudem berücksichtigen sie bestehende Interessengegensätze und Informationsasymmetrien. Allerdings sind diese formalen Modelle sehr abstrakt und oftmals nicht einfach zu verstehen. Darüber hinaus sollte nicht außer Acht gelassen werden, dass die im Grunde motivationsfördernden Anreizsysteme wie das Profit-Sharing und das Groves-Schema ihre eigentliche Motivationswirkung verlieren können oder sogar demotivierend wirken, sofern sich die betroffenen Bereichsleiter durch diese Anreizsysteme „unfair" behandelt fühlen, weil sie nicht nur an den eigenen Gewinnen oder Verlusten, sondern auch an denjenigen der übrigen Bereichsleiter beteiligt werden und ihre Entlohnung zu einem großen Teil von den Fähigkeiten anderer abhängt.
Die wesentliche Problematik liegt allerdings darin, dass die Prinzipal-Agent-Theorie die Realität zwar abbilden kann, diese aber eine Vielzahl an unvorhersehbaren Umweltzuständen birgt, die nur bedingt abgeschätzt und berücksichtigt werden können. Das Modell der Budgetierung und das Verrechnungspreismodell stellen schlüssige und praktikable Instrumentarien dar, um den negativen Auswir-

---

[201] Pfaff / Pfeiffer, 2004, S.313.
[202] Pfaff / Pfeiffer, 2004, S.305.

kungen der Agency-Problematik entgegen zu wirken. Dennoch bleibt zu berücksichtigen, dass auch ihnen Grenzen gesetzt sind. In der Praxis ändern sich die
relevanten Umweltzustände mitunter sehr kurzfristig, sodass es weiterhin möglich
sein muss, auch die Anreizmechanismen flexibel zu gestalten und auch ad hoc auf
Veränderungen reagieren zu können. Daher lassen sich die aus diesen Modellen
gewonnenen Erkenntnisse in der Praxis nur bedingt implementieren. In diesem
Zusammenhang besteht somit noch Verbesserungsbedarf. Es ist daher die
Aufgabe des Controllings zu beurteilen, ob die zusätzlichen Kosten der Entwicklung weiterer agency-theoretisch basierter Budgetierungs- und Verrechnungspreissysteme durch einen zusätzlichen Nutzen gerechtfertigt sind.

Abschließend kann man sagen, dass die vorgestellten Modelle im Rahmen der
Prinzipal-Agent Theorie gute Möglichkeiten zur Konstruktion von Anreizsystemen
für eine optimale Zusammenarbeit bieten diesbezüglich allerdings Optimierungs-
bedarf besteht.

8. Literaturverzeichnis

Bücher:

Alparslan, A. (2006): Strukturalistische Prinzipal-Agent-Theorie, 1. Aufl., Wiesbaden: Gabler.

Bannier, Chr. E. (2005): Vertragstheorie, Heidelberg: Springer.

Becker, W. (2000): Wertorientierte Unternehmensführung, Nr. 125 In: Bamberger betriebswirtschaftliche Beiträge, Bamberg.

Beyer, H. (1952): Gewinnbeteiligung. Internationale Erfahrungen, Wirtschaftstheoretische Untersuchungen, Wirtschaftspolitische Erkenntnisse, Wien: Beck

Buchholz, L. (2013): Strategisches Controlling: Grundlagen – Instrumente - Konzepte, 2. Auflage, Wiesbaden: Springer.

Bülter, St. (2009): Effektivität von Top Management Teams: Die Förderung offener Diskussionen im Vorstand deutscher Aktiengesellschaften, Wiesbaden: Gabler.

Coenenberg, A. G. (1999): Kostenrechnung und Kostenanalyse, Stuttgart: Schäffer-Poeschel.

Ewert, R./ Wagenhofer, A. (2008): Interne Unternehmensrechnung, 8. überarb. Aufl., Berlin: Springer.

Fladnitzer, M. (2006): Vertrauen als Erfolgsfaktor virtueller Unternehmen, Wiesbaden: Gabler.

Friedl, G./ Hofmann, Chr. /Pedell, B. (2013): Kostenrechnung: Eine entscheidungsorientierte Einführung, 2.Auflage, München: Vahlen.

Fritsch, M. / Wein Th. (1998): Marktversagen und Wirtschaftspolitik, 6. Auflage, München: Vahlen.

Göbel, E. (2002): Neue Institutionenökonomik, Stuttgart: Schäffer-Poeschel.

Haberer, A. F. (1996): Umweltbezogene Informationsasymmetrien und transparenzschaffende Institutionen, Metropolis-Verlag, Marburg: Metropolis Verlag.

Heinrich, A. (2004): Globale Einflussfaktoren auf das Unternehmensverhalten, Münster: Lit Verlag.

Hubert, B. (2015): Controlling-Konzeptionen. Ein schneller Einstieg in Theorie und Praxis, Berlin: Springer.

Kotschenreuther, H. (1997): Ziele und Funktionen, München: Vahlen.

Kiener, St. (1990): Die Principal-Agent-Beziehung aus Informationsökonomischer Sicht, Berlin: Springer.

Jost, P. /Backes-Gellner, U. (2001): Die Prinzipal-Agenten-Theorie in der Betriebswirtschaftslehre, 1. Aufl., Stuttgart: Schäffer-Poeschel.

Kreuter, A. (1999): Verrechnungspreise in Profitcenter Organisationen, 1.Auflage, Mering: Paperback Verlag.

Küpper, H. U. (2001): Controlling, 3. überarb. und erw. Aufl., Stuttgart: Schäffer-Poeschel.

Küpper, H. U./ Wagenhofer, J. (1995): Grundbegriffe des Controlling, Stuttgart: Schäffer-Poeschel.

Opitz, Chr. (2000): Organisation der geteilten Nutzung, Wiesbaden: Gabler.

Oppermann, K. (2008): Prinzipalen und Agenten in zwei Ebenen-Spielen: Die innerstaatlichen Restriktionen der Europapolitik Großbritanniens unter Tony Blair, 1. Aufl., Wiesbaden: Gabler.

Ossadnik, W. (2009): Controlling, 4. vollst. überarb. und erw. Aufl., München: Vahlen.

Paul, J. (2011): Praxisorientierte Einführung in die Allgemeine Betriebswirtschafts- lehre, 2. überarb. Aufl., Wiesbaden: Gabler.

Petermann, F. (1996): Psychologie des Vertrauens, 3. Korrigierte Aufl., Göttingen: Hogrefe.

Picot, A. / Reichwald, R. / Wigand, R. T. (2001): Die grenzenlose Unternehmung, 4. aktualisierte Aufl., Wiesbaden: Gabler.

Przeworski, A. (1999): Democracy, Accountability, and Representation, New York

Richter, R. / Furubotn, E. G. (1999): Neue Institutionenökonomik, 2. Aufl., Tübingen: Mohr Siebeck.

Rieke, S. (2013): Verrechnungspreise im Spannungsfeld der Konzernsteuerung und internationalem Steuerrecht, Berlin: Springer

Ripperger, T. (2005): Ökonomik des Vertrauens, 2. Aufl., Studienausg., Tübingen: Mohr Siebeck.

Ripperger, T. (1998): Ökonomik des Vertrauens, Studienausg.,Tübingen: Mohr Siebeck.

Runge, A. (2000): Electronic Contracting im elektronischen Handel: Das Beispiel der amerikanische Versicherungsbranche, Wiesbaden: Gabler.

Scherm, E. /Süß, St. (2003): Personalmanagement, München: Vahlen.

Schmid, H. (2011): Barrieren im Wissenstransfer: Ursachen und deren Überwindung, Springer, Wiesbaden: Gabler.

Schwering, A. (2015); Ehrlichkeit in der Budgetierung, Wiesbaden: Gabler.

Shleifer, A. / Vishny, R. (1996): A survey of corporate governance NBER working paper series; Working Paper No. 5554. Cambridge, MA: National Bureau of Economic Research.

Thommen, J. P. / Achleitner, A. K. (2006): Allgemeine Betriebswirtschaftslehre, 5. Aufl., Wiesbaden: Gabler.

Wall, F. (1999): Planungs- und Kontrollsysteme, Wiesbaden: Gabler.

Weber, J. (2004): Einführung in das Controlling, 10. Auflage, Stuttgart: Schäffer-Poeschel.

Weber, J. / Stoffels, M. / Kleindienst, I. (2006): Internationale Verrechnungspreise im Konzern, Weinheim: Wiley-VCH.

Wild, J. (1982): Grundlagen der Unternehmensplanung, Reinbek bei Hamburg: VS Verlag für Sozialwissenschaften.

Wömpener, A. (2008): Behavioral Budgeting - Beschränkte Rationalität von kognitiven Urteils- und Entscheidungsprozessen im Kontext der Budgetie-rung, Schriften zum Betrieblichen Rechnungswesen und Controlling, Band 61, Hamburg: Kovac.

Beiträge in Büchern:

Eigler, J. (2004): Contolling, Anreizsysteme und Verhaltenswissenschaften In: Scherm/Ewald/Pietsch, Gotthard (Hrsg.): Controlling: Theorien und Kon-zeptionen, S.665-690, München: Vahlen.

Fey, G. (2000): Unternehmenskontrolle und Kapitalmarkt: die Aktienrechts-
reformen von 1965 und 1998 im Vergleich, In: Prof. Dr. Schüller, Alfred
(Hrsg.): Studien zur Ordnungsökonomik, Nr. 25, Marburg: Lucius.

Hess, T./Schumann, M. (1999): Erste Überlegungen zum Controlling in Unterneh-
mensnetzwerken. In: Engelhard, J./Sinz, E. (Hrsg.): Kooperation im Wett-
bewerb, Wiesbaden: Gabler.

Hochhold, St. / Rudolph, B. (2009): Principal-Agent-Theorie. In: Schwaiger,
Manfred; Meyer, Anton (2009): Theorien und Methoden der Betriebswirtschaft, 1. Aufl., S.131-146, München: Vahlen.

Hungenberg, H. /Wulf, T. (2006): Austausch der Führung in akquirierten Unternehmen – Problem oder Chance? In: Borowicz, Frank/Mittermair, Klaus
(Hrsg.): Strategisches Management von Mergers und Acquisitions:State oft
he Art in Deutschland und Österreich, S.205-239, Wiesbaden: Gabler.

Husted, W. (2006): Agency, Information, and the Structure of Moral Problems in
Business, In: Organization Studies, Vol. 28, No. 2, S. 177–195.

Kunz, H. /Teuscher, T. (2007): Kennzahlen zur Wertorientierten Unternehmensführung. Ein kritischer Vergleich, In: Hölscher, Reinhold (Hrsg.) Studien
zum Finanz-, Bank- und Versicherungsmanagement, Bd. 12, Kaiserslau-
tern: Technische Universität.

Jensen, M. C./ Meckling, W. H. (1976): Theory of the Firm: Managarial Behavior,
Agency Costs and Ownership Structure, In: Journal of Financial Economics,
Vol. 3, No. 4, S. 305–360

Krapp, M. (2000): Relative Leistungsbewertung im dynamischen Kontext –
Eine Analyse der Kollusionsproblematik bei wiederholter Delegation, in:
ZfbF, Jg. 52, S. 257 – 277.

Osterloh, M. /Frost, J. (1999): Betriebswirtschaftliche Funktion der Verrechnungs-
preise: Koordinationsfunktion, Motivationsfunktion, Orientierungsfunktion.
Verrechnungspreissysteme multinationaler Unternehmen. In: Raupach,
Arndt (Hrsg): *Verrechnungspreissysteme multinationaler Unternehmen* in
betriebswirtschaftlicher, gesellschafts- und steuerrechtlicher Sicht, S. 33-47,
Herne: Verlag neue Wirtschaftsbriefe.

Pfaff, D./ Pfeiffer, Th. (2004): Verrechnungspreise und ihre formaltheoretische
Analyse: Zum State of the Art, In: DBW, 64. Jg., Heft 3, S. 296–319.

Pfaff, D. / Zweifel, P. (1998): Die Principal-Agent Theorie: Ein fruchtbarer Beitrag
der Wirtschaftstheorie zur Praxis, In: Picot, A. / Dietl, H. / Franck, E. (Hrsg.):
Organisation, 5. Aufl., S. 184-190, Stuttgart: Schäffer-Poeschel.

Pfaff, D./ Leuz, Chr. (1995): Groves-Schemata-Ein geeignetes Instrument zur
Steuerung der Ressourcen-Allokation in Unternehmen?, In: Zeitschrift für
Betriebswirtschaft, Sonderheft 41, S. 665–690.

Picot, A. (1989): Zur Bedeutung allgemeiner Theorieansätze für die betriebswirtschaftliche Information und Kommunikation : Der Beitrag der Transaktions-
kosten- und Principal-Agent-Theorie. In: Kirsch, W. / Picot, A. (Hrsg.): Die
Betriebswirtschaftslehre im Spannungsfeld zwischen Generalisierung und
Spezialisierung, S.361-380, Berlin: Springer.

Sappington, D. E. M. (1991): Incentives in Principal-Agent Relationship, In: The
Journal of Economic Perspectives, Vol. 5, No. 2, S. 45–66.

Schaefer, S. / Lange, Chr. (2004): Informationsorientierte Controllingkonzeptionen
- Ein Überblick und Ansatzpunkte der Erweiterung In: Scherm, E. /Pietsch,
G. (Hrsg.): Controlling: Theorien und Konzeptionen, S.103,124, München:
Vahlen.

Spence, M. (1973): Job Market Signaling, In: The Quarterly Journal of Economics,
Vol. 87, No. 3, S. 355–374.

Spremann, K. (1990): Asymmetrische Information, In: Zeitschrift für Betriebswirtschaft, 60. Jg., Heft 5/6, S. 561–586.

Stiglitz, J. E. (1975): Association: The Theory of "Screening," Education, and the
Distribution of Income, In: The American Economic Review, Vol. 65, No. 3,
S. 283–300.

Zeitschriften:

Akerlof, G. A. (1970): The Market for "Lemons": Quality Uncertainty and the
Market Mechanism, In: The Quarterly Journal of Economics, Vol. 84, No. 3,
S. 488–500.

Groves, Th. (1973): Incentives in Teams, In: Econometrica, Vol. 41, No. 4, S. 617–
631. Groves, Theodore; Loeb, Martin (1979): Incentives in a Divisionalized
Firm, In: Management Science, Vol. 25, No. 3, S. 221–230.

Manne, H. G. 81965): Mergers and the Market for Corporate Controll, In: Journal
of political Economy (1965), S.110-120.

McCubbins, M. D./Schwartz, Th. (1984): Congressional Oversight Overlooked:
Police Patrols versus Fire Alarms, In: American Journal of Political Science,
Vol. 28, No. 1, S.165-179.

Meinhövel, H. (2004): Grundlagen der Principal-Agent Theorie,In: Wirtschaftswis-
senschaftliches Studium, 8. Jg., München: Beck, S. 470–475.

Mensch, G. (2003): Verrechnungspreise als Controlling-Instrument, in: Betrieb und
Wirtschaft, Jg. 57 (2003), Berlin: Verlag Wirtschaft, S. 925-931.

Dissertationen:

Großmann, S. (2010): Die Verifizierung von Nachhaltigkeitsberichten zur Reduzierung von Informationsasymmetrien, Ingolstadt: Opus.

Henselmann, K. (1999): Unternehmensrechnungen und Unternehmenswert. Ein situativer Ansatz, Habil. Bayreuth 1997, Aachen 1999: Shaker-Verlag.

Saam, N. (2002): Prinzipale, Agenten und Macht: Eine machttheoretische Erweiterung der Agenturtheorie, 1.Auflage, Tübingen: Mohr Siebeck.

Scholtis, Th. (1998): Vertragsgestaltung bei Informationsasymmetrie – Probleme und Lösungen bei der Zertifizierung von QM-Systemen nach ISO 9000ff., Wiesbaden: Gabler.

Thoms, Chr. (2014): Mergers & Acquisitions: Eine Analyse vor dem Hintergrund der Problemlagen von Principal-Agent-Beziehungen, Hamburg: Igel Verlag.

Internetquellen:

Callsen-Bracker, H. M. (28.12.2015): Weitzman und Osband-Reichelstein, (Abgerufen von: http://hans-markus.de/finance/84/hauptstudium _drei/weitzman_schema/)

Andresen-Zöphel, D. (30.10.2015): Unternehmenssteuerung (Abgerufen von: http://www.controllingportal.de/Fachinfo/Grundlagen/ Unternehmenssteuerung.htm)

Hilbert, St. (28.10.2015): Wertorientierte Unternehmensführung, 20 Seiten (Abgerufen von: http://www.vs.dhbw-mannheim.de/fileadmin/ms/bwl-vs/Versicherung_1/ Wertorientierte_Unternehmensfuehrung.pdf)

Steinhaus, H. /Kraft, St. (28.12.2015): Wertorientierte Unternehmensführung –
Einführung in das Konzept. Broschüre, 134 Seiten (Abgerufen von:
http://www.boeckler.de/pdf/mbf_pb_wou_aktuell.pdf)

9. Abbildungsverzeichnis

Abbildung 1: Begriffsbestimmung Controlling 6

Abbildung 2: Prinzipal-Agent Theorie 13

Abbildung 3: Zeitlicher Ablauf einer Prinzipal-Agent Beziehung 16

Abbildung 4: Dimensionen von Informationsasymmetrien 22

Abbildung 5: Prinzipal-Agent-Probleme 30

Abbildung 6: Mehrstufige Prinzipal-Agent-Beziehung 46

Abbildung 7: Misstrauensspirale 50